Martin Fieber (Hrsg.)

Das Geheimnis unserer Gedanken

Martin Fieber (Hrsg.)

Das Geheimnis unserer Gedanken

BERGKRISTALL

Bergkristall Verlag GmbH
Krumme Weide 30
32108 Bad Salzuflen
Tel.: 05222 – 923 451
Fax: 05222 – 923 452
info@bergkristall-verlag.de
www.bergkristall-verlag.de
2. Auflage 2007
Umschlag und Satz: Bergkristall Verlag GmbH
Druck und Bindung: Media Print GmbH, Paderborn
Printed in Germany

Foto von “The Crab Nebula in Taurus (centre)”:
European Southern Observatory® (ESO)

ISBN 978-3-935422-10-9

Welcher ist der sicherste Weg zur Wahrheit?
Der sicherste Weg beginnt im eigenen Herzen.
Gott kann für diese Aufgabe keine Feiglinge gebrauchen.
Er braucht geistige Revolutionäre, die für ihn um die Wahrheit
mit dem ganzen Einsatz von Seele und Leben kämpfen.

Wie lautet die bedeutendste Kernfrage,
die von der Menschheit gestellt werden könnte?
Gibt es einen Gott oder nicht?
Gibt es ein geistiges Weiterleben oder nicht?

Inhaltsverzeichnis

Vorwort *9*
Gedanke, Gehirn und Kosmos *12*
Bewusstsein, Ober- und Unterbewusstsein *37*
Erinnerung *44*
Intelligenz *50*
Gedankenkraft *55*
Telepathie und Gedankenübertragung *60*
Inspiration *65*
Träume *75*
Computer *81*
Gedankenhygiene *84*
Sprache *100*
Meditation *104*
Philosophie *107*
Diesseitiges und jenseitiges Denken *111*
Bewusstseinsstörungen und Krankheiten des Gehirns *117*
Verschiedenes *122*
Abschließende Worte *147*
Das Gedankenbuch schließen *148*
Wer ist Elias? *149*

Vorwort

Eines der größten Phänomene im Leben des Menschen ist seine Fähigkeit des Denkens. Dazu gehören auch solche Begriffe wie das Ober- und das Unterbewusstsein, die Intelligenz, die Erinnerung, die Telepathie und vieles mehr. Ein Fachgebiet der Wissenschaft befasst sich mit diesen Vorkommnissen, um den vorhandenen Rätseln auf die Spur zu kommen.

Untersuchungen und Entdeckungen auf dem Gebiet der Hirnforschung führen allmählich zu völlig neuen Erkenntnissen über den Zusammenhang von Psyche und Körper. Sie scheinen die Auffassung von der Vorherrschaft und von der Unzerstörbarkeit der geistigen Substanz weiter zu bestätigen.
Sir John Eckles, Nobelpreisträger der Medizin im Jahre 1963, versetzte auf dem Düsseldorfer Weltkongress für Philosophie 1978 dem wissenschaftlichen Materialismus einen schweren Schlag, indem er das erstaunte Auditorium wissen ließ, dass man das Bewusstsein grundsätzlich als etwas Unabhängiges, als etwas außerhalb des zentralen Nervensystems Existierendes betrachten müsse.
Eckles, der seine Beweisführung experimentell abstützen konnte, behauptete, dass die geistige Leistung des Gehirns, dessen biologische Entwicklung beeinflusse. Das Bewusstsein sei letztendlich auf keinerlei organische Substanzen oder Funktionen in irgendeiner Form zurückzuführen und der Geist stehe dem Gehirn und seinen Mechanismen sowie Abläufen in und über den Nervenzellen als etwas völlig Eigenständiges gegenüber.
Die Quintessenz der Eckleschen Hypothese ist, dass man durch das Bewusstsein Erfahrungen sammelt und nicht etwa durch Mechanismen der Verbindungsfelder einer Gehirnhälfte, und dass das Bewusstsein von dem Körper unabhängig ist, aber in einem gebenden und nehmenden Verhältnis dazu steht.

Sir John Eckles sagte hierzu wörtlich: „Das Bewusstsein übt also eine übergeordnete, integrierende und kontrollierende Funktion auf neuronale Vorgänge aus. Wenn sich die Eckleschen Hypothesen als richtig herausstellen sollten – viele Erkenntnisse der Thanatologie (Forschungsgebiet der Probleme des Sterbens und des Todes, z. B. klinischer Tod oder Sterbehilfe; Anm. d. Hrsg.) sprechen dafür – muss man weiter folgern, dass Geist und Bewusstsein, das heißt, die psychische Komponente in ihrer Gesamtheit, außerhalb unserer physikalischen Ordnung, also extraphysikalisch, angesiedelt sind. Mithin in einem raumzeitfreien Kontinuum, das zumindest von unserer Welt aus unangreifbar ist."

Diese Hypothese wird zum Teil dadurch erhärtet, dass Spuren ein und derselben Erinnerung offenbar an den verschiedensten Stellen des Gehirns gespeichert und abrufbar sind, wie neueste wissenschaftliche Untersuchungen beweisen.

Das Ausbleiben von Erinnerungsverlust bei Zerstörung großer Hirnteile, war für die Medizin von jeher schon ein großes Rätsel. Wird jemand nach einem Schlaganfall, der die Hälfte des Gehirns zerstört hat, in einem ihm bekannten Raum geführt, so erkennt die betreffende Person nicht etwa nur die Hälfte dieses Raumes wieder. Dies legt den Schluss nahe, dass das Gedächtnis entweder gänzlich oder gar nicht zerstört wird. Versuche haben gezeigt, dass schon zwei Prozent der Nervenfasern eines bestimmten Systems im Gehirn dessen Funktion aufrechterhalten können.

Hierzu sagt uns Elias und die geistige Welt:

Das Denken im Gehirn ist eine falsche Auffassung. Beim Sterben ist es daher nicht erforderlich, dass das Bewusstsein mit allen Erinnerungen aus dem Körper auszieht. Es erfolgt nur eine Trennung vom Körper, von der Materie. Der eigentliche Auszug wird nur vom Astralkörper durchgeführt. Am Bewusstsein ändert sich nichts, es bleibt, wo es vorher war. Der Tod ist längst nicht so problematisch, wie man bisher angenommen hat und leider noch annimmt. Der Tod ist außerordentlich einfach: er ist nur ein Abschalten einer Funktion, welche den Körper vom Geist trennt. In diesem Augenblick ist der Körper völlig selbständig, er ist nur noch Materie, die den Gesetzen der Materie unterliegt, sonst aber nichts weiter kann. Doch der Geist des Menschen ist im selben Augenblick auch absolut selbständig und unterliegt nur noch den Gesetzen des Geistes.

Weil die Ausführungen von Elias und der anderen Lichtboten und Lichtträger über 50 Jahre umfassen und hier ohne Zwischenräume wiedergegeben werden, fallen möglicherweise Wiederholungen auf, die aber immer wieder neues Licht auf die unterschiedlichsten Themen werfen. Wir haben sie mit Absicht nicht herausgeschnitten, sondern als Dokument originalgetreu im vollen Wortlaut belassen.

Nun wünschen wir Ihnen viel Freude beim Lesen dieses so wichtigen Buches.

Gott zum Gruß und lassen Sie es sich gut gehen.

Martin Fieber

Gedanke, Gehirn und Kosmos

Was ist ein Gedanke?

Der Gedanke ist die größte und wunderbarste Eigenschaft des Menschen. Durch diese Fähigkeit steht der Mensch nicht nur auf dieser Erde, sondern in unmittelbarer Beziehung zum unendlichen Kosmos. Die Macht der Gedanken wird unterschätzt und trotzdem ist diese Macht so groß, dass sie töten kann. Sie kann aber auch im höchsten Grade schöpferisch werden. Das Gebet zum Beispiel hätte keinen Sinn und keine Macht, wenn die Macht des Gedankens, ja, der Gedanke selbst, nicht göttliche Eigenschaften hätte. Die höchste Eigenschaft Gottes ist der Gedanke, das Wort. Durch den Gedanken allein kann die Liebe Ausdruck finden, sich in die Tat umsetzen! Wie leichtfertig geht der Erdenmensch mit dem höchsten Schatz um, der ihm zur Verfügung steht.

Der Mensch kann positiv und negativ denken. Jedes Mal setzt er damit den Kosmos in Bewegung. Jeder Gedanke prägt sich als Licht, Farbe, Form, wie auch in Bewegung in den Kosmos, wo er seine unvorstellbare Existenz hat, bis er durch die höchste Erkenntnis in reines Licht verwandelt wird.

Dieses Thema ist so gewaltig, dass die Worte dazu nicht ausreichen werden. Die Gedankenkraft ist so absolut, dass sie jedem Naturgesetz widerspricht. Der Mensch schafft sich Begriffe wie Länge, Höhe, Breite, also Maße, um mit Hilfe materieller Begriffe das Abstrakte verständlich zu machen. Doch das Abstrakteste, das es überhaupt gibt, ist der Gedanke. Gedanken sind Bumerangs, sie können zurückkommen. Gedanken sind die größten Kraft- und Intelligenzquellen des Universums, sie sind göttliche Kräfte, welche alle Räume erfüllen und nicht aufgehalten werden können. Außerdem erlöschen sie nicht so leicht. Das Wesentliche lässt sich mit Hilfe der Sprache überhaupt nicht erklären.

Fangen wir lieber ganz von vorne an. Wo wird der Gedanke erzeugt?
Der Gedanke wird überhaupt nicht erzeugt. Er ist einfach da. Er ist eine göttliche Tatsache. Der Gedanke wird benutzt, formuliert, abgewandelt und in Vibrationen versetzt. Der Gedanke besteht aus dauerhaften Impulsen, die im Weltall schwingen. Der Gedanke ist auch eine göttliche Funktion. Darum ist der Gedanke auch allgegenwärtig und ewig. Er ist eine unbegrenzte Substanz, die sich im ganzen Universum befindet.

Wo befindet sich das Gedankenzentrum? Die Wissenschaft ist sich nicht darüber einig, ob sich dieses Zentrum im Herzen oder im Gehirn befindet?
Daran könnt ihr erkennen, dass die Wissenschaft überhaupt keine Anhaltspunkte für den Sitz der Gedanken hat. Es sind nur Vermutungen, die nie bewiesen werden konnten. Es ist nämlich so, als ob ein Laie vermutet, dass sich die Fernsehsendung im Empfänger befindet. Die Seele ist Sender und Empfänger zugleich, steht aber mit dem organischen Gehirn in zeitlicher Verbindung.

Was bedeutet Denken? Was ist das Denken?
Ihr seid zumeist der Ansicht, dass sich das Denken im Gehirn vollzieht. Noch nie ist das Denken im Gehirn nachgewiesen worden, höchstens Stromimpulse, die durch eine Reizung des Gehirns entstehen. Der Vorgang des Denkens ist kosmisch, und zum Denken gehört auch die gesamte Erinnerung.
Jeder Begriff und jede geistige Vorstellung zeichnet sich in den Urkosmos ein. Es ist das große Wunder Gottes, dass jede Seele eine eigene Frequenz hat, so wie auch die Fingerabdrücke verschieden sind. Bei einer Wiedergeburt, ganz gleich, auf welchem Stern sie erfolgt, wird die Seele von der Frequenz getrennt, und darum fehlt auch die Erinnerung. Nach dem Sterben kann sich die Seele auf eine oder mehrere Frequenzen

zurückschalten. Damit will ich aber sagen, dass eure Gedanken sehr gefährlicher Natur sind, weil sie eine gewisse Ewigkeitsdauer besitzen. Sie werden für einen negativen oder egoistischen Menschen zu einer großen Qual. Aus diesem Grund kam euch Gott zu Hilfe und sandte einen guten Lehrer, der euch davor warnte. Ihr könnt nicht sagen, dass ihr von diesem Lehrer keine Ahnung habt. Auch heute kommen auf geistigen Wegen Lehrer zu euch.

Sterben unsere Gedanken gleichzeitig mit unserem Körper?
Unwissenderweise habt ihr die Vorstellung, wenn das Gehirn nicht mehr durchblutet wird, die Zellen sich auflösen, so hört auch das Denken auf, mit allem Wissen. Weit gefehlt! Wenn euer Gehirn alle diese Eindrücke in den Zellen stapeln müsste, so würden die Menschen alle mit einem Fesselballon statt eines Kopfes herumlaufen, ja selbst das würde nicht einmal ausreichen. Doch glaubt mir, diesen ‚Ballon' gibt es wirklich - aber es ist die individuelle Frequenz im Kosmos. Von dort aus gelangen alle Eindrücke und Begriffe in eure Seele. Da aber eure Seele mit dem Körper eng verzahnt ist, so entsteht in euch selbstverständlich der Eindruck, dass ihr eure Gedanken und Erinnerungen im Gehirn habt. Jede einzige Zelle im Gehirn hat ihre bestimmte Funktion, sie ist das Verbindungsglied zwischen dem Kosmos und dem Blut. Das Blut ist der Träger der Seele, so wie eine Säure im Akku Träger einer Elektrizität ist.
Stirbt ein Mensch, so ist der Austritt der Seele aus dem abgelegten Körper ein sehr geringer Vorgang, denn alle Erinnerungen, ja, das ganze Bewusstsein befindet sich ja sowieso im Kosmos. Nur der Körper verliert seine Beteiligung am individuellen Ich. Alles andere, was nicht zum Blut und Fleisch gehört, bleibt bestehen. Damit bleiben auch die gesamten Erfahrungen und Gelehrsamkeiten, alle guten und bösen Eigenschaften, alle negativen Triebe und Leidenschaften so bestehen, wie sie der Mensch im irdischen Leben angereichert hat, die nun sein

Eigentum auch nach dem Tod sind. Dies ist ein Besitz, der nicht im Grabe vermodert oder verrottet!
Ihr seid zum Teil der Meinung, dass euch Jesus Christus von allem Negativen erlöst hat, weil er diese Kollektivschuld der Menschheit mit seinem Blut bezahlen musste. Christus hat euch den Weg der Erlösung gewiesen, und damit wurde er zum Erlöser. Doch ihr müsst diesen Weg selbstverständlich gehen, darum sagte er: „Folge mir nach“. Christus hatte keine Furcht vor der ‚Hölle‘, den so genannten niederen Sphären. Er ging hinein und sammelte trotz aller Anfeindungen alle nach Licht verlangenden Seelen und führte sie auf eine höhere Ebene.

Was ist das Denken für ein Vorgang?
Die Gedanken sind ein kosmischer Vorgang. Stellt euch vor, dass ihr vor einem Fernsehschirm sitzt. Bei einer Direktübertragung seht ihr die Geschehnisse unmittelbar vor euren Augen. Aber dennoch seid ihr meilenweit vom Schauplatz des Geschehens entfernt. In einem ähnlichen Verhältnis steht der Gedanke zu eurem Gehirn.

Wie funktioniert das Denken?
Der Mensch wundert sich über das Phänomen des menschlichen Denkens. Er vermutet alle Erinnerungen in der Substanz des Gehirns. Die Gehirnforschung bemüht sich seit Jahren, hier wichtige Erkenntnisse zu gewinnen. Das alles ist fortschrittlich und sehr schön. Aber man muss bei allen Forschungen den richtigen Weg gehen. So, wie man vom richtigen Weg abkommt, kommt man in das Labyrinth der Scheinwahrheiten - und somit zum wissenschaftlichen Irrtum. Da die Mehrheit aller Menschen auf dieser Erde glaubt, dass die menschliche Seele ein Produkt der Materie sei, gehen auch viele Wissenschaftler mit großem Ernst von diesem falschen Glauben aus. Das ist jedoch der falsche Weg, der zum absoluten Irrtum führt. Das Denken dieser Forscher ist unrichtig, weil es von einem Vorurteil ausgeht, das

seit Jahrtausenden fest eingefahren ist. Das menschliche Bewusstsein, das für das Denken sorgt, hat seinen Sitz nicht in der Substanz des Gehirns, sondern im All. Das All ist weiträumig genug, diese immateriellen Schwingungen aufzunehmen. Und diese Aufzeichnungen bestehen unvorstellbar lange, so dass diese geordneten Schwingungen jederzeit auf einer bestimmten Frequenz aufgespürt und angepeilt werden können.
Wenn ein Mensch stirbt, so ändert sich an diesem kosmischen Erinnerungsreservoir überhaupt nichts, und die Seele kann im Jenseits diesen Vorrat genauso gut, ja noch besser als zuvor anpeilen, das heißt, sich an alles erinnern und damit jonglieren. Das Gehirn ist nur eine Zwischenstation. Die Wissenschaftler werden durch das Gehirn getäuscht. Wenn es anders wäre, zum Beispiel, dass das Gehirn alle Gedanken sowie Erinnerungen beinhalten würde, so wäre der Spiritualismus mit allen seinen Erscheinungen unmöglich. Dann gäbe es keinen Kontakt mit Geistern, keinen Spuk, keine Telepathie und keine Erinnerung an ein Vorleben.
Die Wissenschaft hat viele teure Versuche mit Mäusen und Ratten unternommen, um das Gedächtnis zu erforschen. Man glaubt, dass das Geheimnis gelüftet sei. Man spricht vom ‚Wissenspulver' im Gehirn und vermutet, auf Grund falschen Denkens, dass alle Gedankenvorgänge ein chemischer Prozess seien.
Der Spiritualismus, der seit Jahrtausenden Kontakt mit dem Jenseits hat und ihn bestätigt, beweist zugleich, dass die Hirnforscher hier auf einem völlig verkehrten Wege sind, der sie zum größten Irrtum und Unsinn geführt hat, den man sich nur ausdenken kann. Wenn man annimmt, dass die Erinnerungen im Gehirn aufgestapelt sind, oder das Gehirn des Menschen mit einem Computer vergleicht, so müsste der Mensch einen Kopf haben, der die Größe des Mondes hat. Mäuse sind keine Menschen, und die Seelen der Mäuse sind nicht mit der Leistungsfähigkeit eines Menschen zu vergleichen. Was diese Forscher

jedoch ganz bestimmt herausgefunden haben, ist die Tatsache, dass es einen gefährlichen Atheismus gibt, der die Menschen von der Wahrheit ablenkt. Chemie im Kopf mag sein, aber sie dient nicht der Seele, diese existiert noch besser ohne Gehirn, denn das Gehirn ist für die Freiheit der Seele nur eine Bremse.

Was ist die Aufgabe des Gehirns?
Das Gehirn ist das Relais, oder ein Verbindungsglied. Es dient hauptsächlich der Kontrolle des materiellen Körpers und erteilt an diesen Befehle. Es steuert alle materiellen Funktionen und verteilt die Energien. Aber das Gehirn hat auch die Aufgabe, bei der Bewusstseinstätigkeit die richtige, individuelle Frequenz der Seele einzuhalten. Auf dieser persönlichen Frequenz finden die Peilungen statt. Sie ermöglichen die Individualität der Seele, bzw. des Ichbewusstseins. Genauso, wie ihr Worte auf ein Tonband aufnehmen könnt, so zeichnet das All eure Gedanken und Bewusstseinsvorgänge auf einer speziellen Frequenz auf, die euch zur Verfügung steht. Bei einer Reinkarnation ändert sich diese Frequenz. Aus diesem Grunde fehlt die Möglichkeit der Peilung auf andere Frequenzen. Hinsichtlich der Gedanken kontrolliert das Gehirn die individuelle Frequenz, so dass möglichst keine fremden Gedanken hindurchdringen, sonst könnte der Körper Befehle erhalten, die von fremden Wesen stammen.

Hat das Gehirn mehrere Funktionen?
Das Gehirn hat selbstverständlich vielerlei Funktionen. Das Gehirn kann verschiedene Funktionen der Seele übernehmen. Beim Tod gibt das Gehirn diese Funktionen an die Seele zurück.

Wir wissen, dass das Bewusstsein kosmischer Art ist. Ist das Gehirn überhaupt am Gedankenprozess beteiligt?
Solange die Seele des Menschen mit dem physischen Körper verbunden ist, besteht eine Wechselbeziehung zwischen Seele

und Gehirn. Selbstverständlich übernimmt das Gehirn viele Funktionen, die es dann aber nach dem Sterben an die Seele zurückgibt. Der Kopf ist der wichtigste Teil des Menschen. Bei geistesschwachen Menschen kommt es zur Gehirnschrumpfung. Aber auch der Alkohol verändert das Gehirn so stark, dass es nicht mehr richtig arbeiten kann. Ganz besonders wird die Logik davon betroffen. Die Logik ist überhaupt eine göttliche Funktion im Bewusstsein des Menschen. Wer diese Logik durch Alkohol oder und durch Nikotin, wie überhaupt durch Rauschmittel schädigt, der verstößt gegen die göttliche Logik!

Die Feststellung, dass die Gedanken das Gehirn nur durchlaufen, erscheint uns außerordentlich wichtig. Gib uns bitte noch weitere Hinweise.

Die Gedanken entstehen im Kosmos auf der persönlichen Frequenz des Individuums. Wenn der Gedanke fertig ist, und das geschieht mit hundertfacher Lichtgeschwindigkeit, nimmt er Kontakt mit dem Gehirn auf. Das Bewusstsein kosmischer Natur sendet den fertigen Gedanken begrifflich in das Bewusstseinszentrum des materiellen Gehirns. Das geschieht, weil jeder Gedanke Beziehung zum Körper hat. Doch der Gedanke verbleibt nicht im Gehirn, sondern wird sofort wieder an das kosmische Bewusstsein zurückgegeben. Er läuft also nur durch. Doch wenn der Gedanke vom Körper eine Funktion verlangt, so schaltet das Gehirnrelais sofort ein und bringt den Auftrag zur Ausführung oder weist ihn zurück. Ich will hier ein Beispiel aus eurer Fernmeldetechnik anführen. Ein Telefonfernamt besitzt einen Wählersaal, in dem eine große Anzahl von Relais arbeitet. Ebenso arbeitet das menschliche Gehirn. Die Ferngespräche entstehen, wie ihr alle wisst, nicht im Relais, das heißt nicht im Wählsaal, sondern die Teilnehmer sprechen durch das Amt hindurch. So müsst ihr euch etwa das Prinzip vorstellen. Im gewaltigen Kosmos hat jeder Mensch seinen eigenen Vorrat an Erinnerungen, Gesprächen, Eindrücken und Gedanken. Doch das

Bewusstsein hat ein Peilungsvermögen. Es kann auf Befehl des Willens die Erinnerungsschwingung anpeilen. Diese laufen dann ebenfalls wie ein Ferngespräch durch das Gehirnrelais hindurch.

Man ist in weiten Kreisen immer noch der Ansicht, dass sich das Denken im Gehirn abspielt. Ebenfalls glaubt man auch nicht an ein bewusstes Weiterleben außerhalb des Gehirns. Wie soll man das erklären?
Das Gehirn übernimmt während des materiellen Lebens die seelischen Funktionen. Die reinkarnierte Seele verhält sich im Körper ziemlich passiv. Nun hat man irrtümlich diese passive Seele mit der Bezeichnung Unterbewusstsein bedacht. Beim Tode gibt das Gehirn alle Funktionen an die Seele wieder zurück und somit rückt auch das so genannte Unterbewusstsein wieder in den Vordergrund. Dieser Wechsel findet im vorübergehenden Todesschlaf statt.

Man hat festgestellt, dass der Mensch die eine Hälfte seines Gehirns nicht in Funktion hält. Ist das eine Verkümmerung oder hat das eine andere Bedeutung?
Es ist richtig, dass die eine Hälfte nicht benutzt wird. Aber es ist keine Verkümmerung, sondern diese Hälfte des Gehirns ist vorgeplant. Sie wird in der Zukunft noch eine große Rolle spielen. Der Mensch wird dann, wenn er die Reife dazu hat, Wahrnehmungen haben, die ihm heute noch verschlossen sind. Aber noch hat der Mensch geistig nicht die Entwicklung. Das Gehirn kann daher nicht voll ausgenutzt werden.

Die Gedanken müssen gespeichert werden, sonst könnte sich kein Mensch an irgendetwas erinnern. Was kannst du uns darüber sagen?
Das Gehirn des Menschen ist ein Relais, das die Wechselbeziehung zwischen Geist und Körper ermöglicht. Diese Tatsache wird von der Wissenschaft falsch erkannt. Vor der Menschheit

liegt noch ein Meer von Erkenntnissen und Erfindungen. Praktisch gibt es überhaupt keine Begrenzung für die Entwicklung des Menschen. Er macht nur den Fehler, dass er die Entwicklung dauernd stört und zeitweise aufhält. Endlich ist man bereit, die parapsychologische Forschung und die Faktoren zu berücksichtigen, was vorher überhaupt nicht der Fall war. Der Nachteil besteht augenblicklich darin, dass die Allgemeinheit noch zuwenig weiß, deshalb urteilt die Masse heute noch immer nach alten Vorurteilen und Dogmen. Das Gehirnrelais wird nur etwa zu zehn Prozent ausgelastet. Es ist von Natur aus so vorgefertigt, dass es jetzt schon zu grandiosen Leistungen fähig ist. Aber dazu muss der Mensch akzeptieren, dass er nicht nur einmal auf dieser Erde lebt und dass er geistig mit allen Erinnerungen den Tod überdauert. Es besteht ein großer Unterschied zwischen etwas Gedachtem und dem Geschriebenen oder Gesprochenem. Ein geschriebenes Wort kann nicht so die Empfindungen wiedergeben, wie es bei den Gedankenaufzeichnungen auf Tonträger nachempfunden werden kann. Die Santiner *(eine Menschheit aus dem Sonnensystem Alpha Centauri; Nähere Informationen finden Sie in anderen Büchern unseres Verlages; Anm. d. Hrsg.)* haben dieses Gebiet sehr gut entwickelt, so dass sie Meister auf diesem Gebiet sind.

Du sagst, dass das Gehirn ein Relais darstellt. Wie arbeitet dieses Relais?

Das Gehirn hat hauptsächlich die Aufgabe, das Nervensystem zu regulieren. Es stellt die Verbindung zwischen dem Willen und dem Körper dar. Das Bewusstsein liegt nicht im Gehirn, sondern, wie ich bereits sagte, im Kosmos. Das Gehirn ist nur eine Art Fernsehschirm oder Radioempfänger. Ein Gehirn kann krank oder zerstört sein. Das alles hat nichts mit der Seele zu tun. Wenn es so ist, kann sich die Seele nicht mehr zuverlässig dem Gehirn mitteilen. Es entsteht ein gestörter Empfang im Gehirn. Das Gehirn muss selbstverständlich den gesamten Empfang aus dem Kosmos zensieren. Es kommt nun darauf an, wie diese Zensur stattfindet. Das muss alles richtig eingeordnet werden.

Die Elektrizität ist doch im ganzen Universum vorhanden. Hat die Elektrizität etwas mit der Seele oder überhaupt mit dem Denken des Menschen zu tun?
Die Elektrizität ist mit der Materie stark verwandt. Es geschieht dabei folgendes: Die plötzliche Änderung der Stellung der Atome zueinander bringt die Elektrizität hervor. Diese Elektrizität birgt noch Geheimnisse, die den Santinern gut bekannt sind, von denen ihr jedoch zum Glück noch keine Ahnung habt. Wir dürfen darüber nichts berichten. Doch mit der Funktion der Seele oder ihrer Gedanken hat die Elektrizität überhaupt nichts zu tun. Die Gehirnforscher können sich diese Mutmaßung absolut ersparen.

Was hat die Seele mit unserem Denken zu tun?
Die Seele des Menschen ist ein sehr umstrittener Begriff. Weil die Seele nicht messbar ist, wird sie nicht als etwas Ganzes angesehen. Alle Forschungen auf diesem Gebiet, soweit sie von der akademischen Wissenschaft betrieben werden, haben die Seele nicht als eine Person bestätigt. Aus diesem Grund ist man zu der Überzeugung gekommen, dass die Seele einen Bewusstseinsprozess im Gehirn des Menschen darstellt. Folglich ist jeder Bewusstseinsprozess, der sich im Gehirn abspielt oder durch das Gehirn hervorgebracht wird, der Sterblichkeit und Auflösung unterworfen. Dass es sich hier um einen wissenschaftlichen Irrtum handelt, beweist unsere Existenz, indem wir immer wieder versuchen, uns zu beweisen. Leider gibt es auch im geistigen Reich unfähige Seelen, die sehr viel Schaden anrichten, indem sie unsere Bemühungen durchkreuzen oder durch ihre Dummheit in Verruf bringen.
Die Wechselbeziehungen zwischen Körper und Geist sind so vielseitig und verzweigt, dass der Mensch sehr leicht getäuscht

werden kann. Solche Täuschungen führen zur Ablehnung der Seele und verurteilen den Menschen zu einer minderwertigen Kreatur. Das Gehirn des Menschen hinkt hinter dem Geist, bzw. hinter der Seele her. Bevor ein Bewusstseinsprozess das Gehirn passiert, hat die Seele davon schon Kenntnis genommen.
Das gesamte Erinnerungsarchiv eines Menschen befindet sich im Kosmos. Das Gehirn peilt diesen Vorrat an und erhält Antwort. Das geschieht mit Überlichtgeschwindigkeit. Der gesamte Denk- und Wahrnehmungsprozess eines Menschen spielt sich im Kosmos ab und teilt sich dann dem Gehirn mit, das entsprechend reagiert. Wenn also das Gehirn ausfällt, so ändert sich nichts am Vorhandensein der kosmischen Vorgänge, derer sich die Seele bedient. Es ist eine Tatsache, dass kein Bewusstseinsvorgang verloren geht. Selbst wenn sich ein Gehirn nicht auf ein Ereignis einschalten kann, das heißt auf eine Erinnerung, so ist es trotzdem aufgezeichnet. Belanglose Begebenheiten können mehr als 50 Jahre vergessen sein und plötzlich wieder auftauchen, weil der Peilvorgang diese Aufzeichnungen im Kosmos plötzlich streift.

Wie ist die Verbindung von Kosmos, Geist, Seele und Denken zu sehen?
Der Kosmos besteht aus Frequenzen, also Schwingungsebenen, so wie die eurige Welt Feuer, Wasser, Luft und Erde hat. Das sind die für euch sichtbaren Frequenzen, sichtbare Schwingungsebenen. Doch das geistige Reich ist eine unvorstellbare Daseinswelt - das größte Reich im ganzen Universum. Dieses Reich ist von der Materie keinesfalls getrennt. Es besteht ein äußerst enger Kontakt zwischen diesen beiden Schöpfungsebenen. Die Wahrnehmung der geistigen Existenzen ist für euch überzeugend und reichhaltig genug. Leider macht ihr den großen Fehler, jede dieser Wahrnehmungen als krankhaft zu bezeichnen. Doch wenn sich ein angeblicher Künstler durch eine auffallende krankhafte Phantasie zu den größten Beleidigungen des guten Geschmacks

hinreißen lässt, so findet ihr das ganz in Ordnung, ihr betrachtet ihn als ‚Genie'. Eine Seele kann nur in jenes Reich gehen, das ihr wirkliches Zuhause ist. Ihr schaut auf die Toten. Ihr schaut in einen Toten hinein, doch ihr findet die Seele nicht. Habt ihr die Seele in einem lebenden Körper gefunden?
Der Körper wurde bewegt, gewiss, aber das allein war nicht das Entscheidende. Eine Bewegung ist noch keine Seele. Eine Sprache wird erst dann verständlich, wenn eine Intelligenz, eine Persönlichkeit dahinter steckt, die sich euch mitteilt. Die Materie wird durch die Gesetze Gottes geleitet, doch der menschliche Körper durch eine göttliche Seele. Eine Materie kann sich nicht selbst noch ihre Umwelt begreifen. Eine göttliche Seele dagegen nimmt die Schöpfung wahr, auch dann, wenn sie die Materie als Mittler benutzt. Eure Ärzte und Lebensforscher wollen sich mit dieser Tatsache nicht zufrieden geben, sie sagen sich immer wieder: Könnte es nicht anders sein?
Der irdische Leib des Menschen - wie auch der Tiere - ist eine vollkommene Gleichung zur Seele, nur mit dem Unterschied, dass der Körper keine Empfindung ins Bewusstsein bringen kann, ohne dass die Seele in Tätigkeit tritt. Der Körper bringt alle Reize und Empfindungen als ein hoch entwickeltes Aufnahme- und Leistungssystem in das Bewusstsein der Seele, die im Gegensatz zum Körper nicht aus materiellen Atomsystemen besteht, sondern aus einer immateriellen Energie, sie steuert das Gehirn als Zentrale des Körpers. Wenn ihr jedoch die Absicht habt, in einem lebenden Körper die Seele zu suchen, so ist das vergleichsweise so, als ob jemand in einem Radioapparat den Ansager sucht. Die Seele ist kosmisch und mit dem irdischen Körper durch eine individuelle Frequenz verbunden. Es sind die immateriellen Schwingungen.

Ist der Geist mit der Materie verzahnt?
Der Geist ist nicht mit der Materie verzahnt, sondern nur mit Gehirn und Nerven. Die Seele aber benutzt das Blut als festen

Stützpunkt. Bei einem egoistischen Menschen ist der Geist träge und die Materie ohne geistigen Halt. Die Nerven sind unempfindlicher. Bei einer Feinstofflichkeit leiten Geist und Materie durch die Verknüpfung leichter als bei einer Grobstofflichkeit. Ein grobstofflicher Mensch kann den Geist abschalten und sich vorwiegend mit der Materie behaupten.

Man hat bisher angenommen, dass die Feinstofflichkeit den ganzen Körper erfasst. Ist diese Ansicht falsch?
Die Feinstofflichkeit erfasst nur Gehirn und Nerven durch höhere Empfindlichkeit. Das Fleisch bleibt jedoch immer wie es ist, ganz gleich welche geistige Entwicklung vorherrscht oder welche Ernährung mitspielt. Das Fleisch unterliegt den Vererbungsgesetzen und kann sich nur durch Vererbung ändern.

Leidet die Feinstofflichkeit unter einem Leistungssport?
Die Feinstofflichkeit geht an einem übertriebenen Sport zugrunde. Der Sport ist in der Übertreibung für jeden Menschen gefährlich. Sportler brauchen ärztlichen Rat. Die Feinstofflichkeit kann selbstverständlich gefördert werden, indem man versucht, alles Harmonische aufzunehmen. Die Menschen werden leider zur Grobstofflichkeit erzogen. Darin liegt die Rückentwicklung. Feinstoffliche Menschen haben geistigen Schutz nötiger und sie bemühen sich um diesen durch ihr Verhalten.

Was wäre der Mensch ohne seine Gedanken?
Hierbei handelt es sich um einen Vorgang, der in wenigen Worten nicht zu erklären ist.
Das unsichtbare, geistige Licht ist ein Stoff, der sich formen und beleben lässt. Nur so ist es überhaupt möglich, dass der Mensch eine bildhafte Vorstellung vor seinem geistigen Auge erzeugen kann. Diese mit der Seele geschauten und selbst gefertigten

Bilder, die wie eine Handlung eines Filmgeschehens abrollen, geben der Seele die eigentliche Individualität!
Im Jenseits können diese selbst gefertigten Gedankengebilde auch von anderen Wesenheiten wahrgenommen werden. Aus diesem Grunde erfasst ein Jenseitiger auch das Denken der Erdenmenschen, ganz unabhängig von seiner Sprache. Es ist das beste Verständigungsmittel im ganzen All. Diese außerordentliche Seelentätigkeit ist kein materieller Vorgang. Aus diesem Grunde gibt es auch keinen größeren Irrtum als die Annahme, dass die Materie in irgend einer besonderen Entwicklung denkt. Denken allein kann nur die Seele, welche in keiner Weise materiell ist. Der Stoff, der für die geformten Gedankenbilder und Begriffe zur Verfügung steht, ist reine Energie - sie ist keinesfalls materiell!
Die Santiner aus dem Sternbild Alpha Centauri haben sehr hohe Erkenntnisse dieser geistigen Vorgänge und nennen diesen Stoff in unserer irdischen Sprache ‚Jahwus'. Die heutige technische und wissenschaftliche Entwicklung hat bereits an diesen Stoff ‚Jahwus' geschnuppert. Die Erdenmenschen stehen vor dem Tor der unsichtbaren Welt. Löst man zum Beispiel ein Atom auf, so kann man auf diese Weise kein ‚Nichts', kein ‚Nihil' hervorrufen. Es bleibt immer eine Energie, ein gewisser Stoff zurück. Dieser Odem erfüllt das ganze göttliche Universum und befindet sich in vitaler Bewegung. Übersinnliche Phänomene haben bewiesen, dass ein Verstorbener zum Beispiel in seiner auf Erden getragenen Kleidung sichtbar wird. Mit Hilfe der unvorstellbaren Gedankenmacht ist es der Seele möglich, den Stoff Jahwus zu formen, wie es ein Erdenmensch bereits in Gedanken für sich kann. Auf diese Weise erzeugt die jenseitig existierende Seele mit Hilfe der Gedankenmacht für die ganze Jenseitswelt sichtbare Formen.
Der Spiritualismus kam in den Verruf der absoluten Phantasterei, weil die Geistwesen bekundeten, dass sie eine Welt haben, die der irdischen ähnlich ist, nämlich, dass sie Häuser, Gärten,

Instrumente und andere Dinge besitzen, die auf der Erde nur materiell in mühevoller Arbeit herzustellen sind. Die Seele aber braucht dazu keine materiellen Anstrengungen und keinen Schweiß. Eine Seele im Jenseits formt wie ein Künstler und Dichter alles, was sie sich in Gedanken vorstellt. Damit wird das Jenseits zu einem wahren Schöpferreich!

Das ist eine wunderbare Aussicht.
Ja, der Geist regiert die Materie. Es gibt Materie, die sich gut leiten lässt. Es gibt aber auch Materie, die ein sehr schlechter Leiter ist. Am besten von allen Stoffen eignet sich dazu das Eiweiß. Ohne Eiweiß gäbe es kein organisches Leben, da dieses vom Geist regiert werden muss. Das Denken, ob tierisch oder menschlich, erfolgt nicht von der Materie, auch nicht von der Substanz Eiweiß, die in den Nerven- und Gehirnzellen vorherrscht. Das Denken ist ein kosmischer, das heißt, ein außermaterieller Vorgang. Das Denken in einem materiellen Körper kann nur stattfinden, wenn die Materie, das heißt das Eiweiß mit dem kosmischen Prozess des Denkens verbunden ist. Der Geist denkt und leitet seine Gedanken durch das Gehirn, seine Zellen und schließlich durch die übrigen Nerven.
Ich will euch ein Beispiel geben. Ein Mensch kann seiner sämtlichen Sinnesorgane beraubt sein, das hindert ihn keinesfalls am Denken. Ein Mensch kann seinen gesamten Körper verlieren, deshalb hindert ihn das keinesfalls am Denken. In diesem Fall fällt nur weg, dass seine Gedanken durch den Körper eilen, da der Körper tot ist.
Diese gewaltige Verbindung zwischen Geist und Materie ist selbstverständlich ein großes Mysterium, aber es ist eine Großtat der göttlichen Schöpfung! Nehmen wir an, dass ein Mensch einen Unfall erleidet und sich dabei einen Teil seines Gehirns verletzt. Es kann sein, dass er dadurch blind wird oder nicht hören kann, Das ändert nichts am Denken, sondern nur an der materiellen Wahrnehmung. Es kann aber auch passieren, dass ein

Teil seines Gehirns nicht mehr rechnen kann. Der Geist kann es wohl, er büßt seine geistigen Fähigkeiten nicht ein, aber er kann nicht rechnen, weil er an die Materie gefesselt ist, so wie ein Autofahrer nicht fahren kann, wenn das Auto eine Panne hat. Die Fähigkeit zu fahren bleibt erhalten, nur mit diesem Auto geht es nicht. Diese Verbindung zwischen Geist und Körper führt leider dazu, viele Forscher auf einen falschen Weg zu leiten. Der Mensch wird getäuscht, weil er glaubt, dass die seelischen Funktionen im Gehirn liegen müssen. In Wirklichkeit ist das Gehirn nur der beste Leiter des Geistes. Aber es vermittelt auch umgekehrt alle Sinneseindrücke an die Seele. Solange die Seele mit dem Gehirn verzahnt ist, ist sie selbstverständlich allein nicht aktionsfähig, sondern auf die Mitwirkung des Körpers angewiesen. Sie kann zum Beispiel nicht hören oder sehen, wenn diese Organe ihre Eindrücke nicht durch das Gehirn an die Seele leiten.

Der Tod ist ein ‚Kurzschluss', der die Verbindung zwischen Seele und Körper löst. Mit dem Tod wird die Selbständigkeit der Seele wieder hergestellt, damit büßt sie allerdings die Macht über die Materie ein, gewinnt aber dafür mehr Macht über die immaterielle Substanz des Geistes. Die meisten Menschen auf Erden glauben, dass der Tod schmerzvoll ist. Das ist niemals der Fall, nur ein krankhafter Zustand kann für den Körper Schmerz bedeuten. Der Tod selbst ist ein absolut schmerzloser Prozess. Das wirkliche Leben ist das große, ewige Dasein in der geistigen Welt, es gestattet in gewissen Fällen Einblick in die materielle Welt - und unter besonderen Bedingungen sogar eine Kontaktnahme mit den materiellen Lebewesen dieser Erde. Wer stirbt, geht in sein eigentliches Dasein zurück, denn es hat die größeren Möglichkeiten als das irdische Leben. Der Zweck des irdischen Daseins besteht in einer zusätzlichen Entwicklung, einer Schulung für ganz gewisse Entwicklungsstufen, die für den Menschen notwendig sind. Leider müssen viele Menschen diese Schulung in der Materie oft genug wiederholen.

Entwickelt sich ein Gehirn bei einem Verstandesmenschen anders als bei einem Gefühlsmenschen?

Der Wissensdrang der Menschen hat dazu geführt, dass der Mensch tiefe Einblicke in die Schöpfungsgeheimnisse der materiellen Natur bekommen hat. Ein geistiges Training beeinflusst jedoch die Gehirnzellen genauso, wie jedes andere Training Nerven und Muskeln verändert. Demnach werden aber die Gehirnzellen auch verändert, wenn sie nicht beansprucht werden. In diesem Zustand befinden sich heute die meisten auf Erden lebenden Menschen. Der Verstandesmensch, wie er auf Universitäten und anderen Lehrstätten hochgezüchtet wird, erleidet durch das einseitige materielle Denken einen nicht zu unterschätzenden Gehirnschwund jener Zellen, die für das Erfassen einer überirdischen Schöpfung vorgesehen sind. Solche Verstandesmenschen sind wahre Genies auf dem Gebiete der materiellen Geheimnisse und Umformungen bzw. Gestaltungen. Doch leider fehlen ihnen zu einem göttlichen Denken die entsprechenden Nervenzellen, während andere Zellen manchmal übernormal ausgebildet sind. Es ist also kein Wunder, dass solche Menschen allen spirituellen Phänomenen völlig verständnislos gegenüberstehen. Die menschliche Seele ist nicht imstande, einen bestimmten Ton auf ihrem Instrument hervorzubringen, dessen Saite fehlt oder verstimmt ist. Im Laufe der vielen, vielen Generationen hat sich der Erdenmensch keinesfalls normal entwickelt. Hierzu haben zusätzlich der Alkoholmissbrauch und der völlig abzulehnende Tabakverbrauch beigetragen.

Ich möchte jedoch darauf hinweisen, dass ein Raucher eine gute Inspiration ziemlich unmöglich macht. Das soll nicht heißen, dass er nicht inspiriert wird. Ein Raucher kann durch niedere Geistwesen aber weit besser beeinflusst werden.

Wenn der eigentliche Denkprozess sich in der vierten Dimension vollzieht, wie kommt er dann ohne Gehirn zustande?
Der Vorgang ist äußerst kompliziert. Auf alle Fälle handelt es sich um eine sich immer bewegende Kraft, die im Kosmos wirkend ist. Es sind Frequenzen, die zahlreich vorhanden sind, wie die Abweichungen der Fingerabdrücke und Handlinien. Gott hat den ‚Schlüssel' für sämtliche Frequenzen. Er ist das größte kosmische Gehirn im ganzen Universum. Er hört und sieht mit allen Ohren und Augen der gesamten Menschheit des ganzen Universums. Er denkt mit allen Gehirnen im ganzen All und besitzt darüber hinaus eine eigene Frequenz von grandiosem Ausmaß. Die Zellen, Atome und Moleküle haben keinen Verstand wie der Mensch. Sie benötigen zur Aufnahme der göttlichen Information, die ein Befehl ist, kein Gehirn! Auch der Mensch kann mit oder ohne Gehirn denken, telepathische Befehle empfangen und sie verarbeiten. Es gibt Fälle, wo dieser Vorgang offenbar geworden ist, nämlich bei der Öffnung des Schädels, dessen Inhalt alles andere war als ein gesundes Gehirn. Trotz derartiger Zerstörungen arbeitete der Verstand vorzüglich. Der ganze Organismus, einschließlich aller Muskeln und Nerven, wird in solchen Fällen allein durch den Astralkörper gesteuert. Als Jesus Christus die Lahmen und Blinden heilte, so geschah das auf die gleiche Weise. Christus aktivierte durch seine starke Gedankenkraft den Astralkörper zur materiellen Übernahme der Funktionen. Es erfolgte vor der Entkörperung ein geistiges Sehen und Hören oder eine Übernahme der Muskel- und Nervenfunktionen. Atome oder ähnliche Zellen können geistige Schwingungen von höchster Feinvibration aufnehmen und speichern. Sie können diesen Vorgang sogar unendlich vervielfachen, ungefähr wie eine Schablone Vervielfältigungen zulässt. Wichtig ist jedoch, dass alle Informationen nicht durch die Materie erfolgen können, sondern eine geistige Energie darstellen, die von einem universellen Denkzentrum ausgehen. Merkt euch daher die Formel: Gott ist reine Natur, ein universelles Denkzentrum von

unvorstellbarem Ausmaß! Von diesem Zentrum gehen alle Informationen und Befehle an die gesamte Schöpfung. Selbstverständlich könnte Gott auch an die Menschheit Befehle geben, zum Beispiel gut zu sein und keine Kriege zu führen. Doch dann müsste er der Menschheit den freien Willen nehmen und sie zu Robotern machen, zu Automaten, die nur Befehle empfangen und ausführen. Doch der Mensch soll Mitarbeiter und selbständiger Denker Gottes sein! Durch die Freiheit in seinen Entscheidungen ist der Mensch nicht an solche Befehle gebunden. Doch der Mensch missbraucht diese Freiheit im Denken und im Handeln. Was Gott kann, das ist auch seinem Widersacher Luzifer möglich. Auch er kann Befehle an Moleküle und Atome geben, denn er war mit an der Schöpfung beteiligt. Darum kann der Widersacher Gottes auch das Gehirn, bzw. das Bewusstsein des Menschen täuschen. Er kann sich tarnen. Er kann seine Befehle so formulieren, dass sie nicht die Absicht erkennen lassen, die dahinter steckt. Der Widersacher betreibt mit seiner Schöpferkraft einen unvorstellbaren Missbrauch, der durch seinen krankhaften Hass gesteuert wird. Er kann Seuchen auslösen, er kann die Entwicklung des Embryos stören. Er verbreitet die Lepra und viele entsetzliche Krankheiten, zum Beispiel den Krebs. Aus diesem Grunde gibt es nur einen wirksamen Schutz gegen die Angriffe auf den Menschen, nämlich ein positives Denken und Handeln, das die Türen für einen solchen Angriff zuschließt. Der Widersacher ist dort wirksam und hat Erfolg, wo der Mensch ihm die Möglichkeiten erleichtert: mit einem negativen Verhalten. Der Mensch wird jede Minute über das Gehirn vom Widersacher und seinen Helfern angesprochen. Durch den freien Willen könnte der Mensch diesen Versuchen widerstehen. Aber die meisten Menschen sind labil oder eigensinnig und tun dies nicht, weil der Widersacher Vorteile in Aussicht stellt, die sich später als Täuschung und Betrug herausstellen. Gottlose Menschen sind in dieser Hinsicht am meisten gefährdet, denn die Gottlosigkeit verdrängt jeden Schutz, und somit hat der Widersacher freies Spiel, denn er übt Zwang aus. Gott tut dies nicht!

Hängt die geistige Entwicklungsmöglichkeit eines Menschen davon ab, welches Gehirn er zur Verfügung hat?

Ja, es gibt viele Unterschiede. Eine inkarnierte Seele kann nur soweit vom Gehirn Gebrauch machen, wie es dazu auch geeignet ist. Ein Virtuose wird auf einem verstimmten Instrument auch kein gutes Konzert geben können. Wer ist also daran schuld? Ist es der Virtuose oder ist es das schlechte Instrument? Doch niemals kann man über den Zustand des Gehirns Rückschlüsse auf den Zustand der inkarnierten Seele ziehen. Es kann sein, dass eine vorzügliche Seele ein Gehirn zur Verfügung hat, das nicht gut ist. Dann ist die Seele sehr behindert. Aber ein sehr gutes Gehirn kann eine sehr schlechte Seele zur Verfügung haben. Darum ist es wichtig, dass sich der Mensch an die göttlichen Gesetze hält, damit er nicht in die Schwierigkeiten gerät, die von Luzifer gern gesteuert werden. Segne du deinen Lebensweg durch Aufrichtigkeit und Eingeständnis, dass du ohne Gott verloren wärst und stelle dir die Frage: „Bin ich ein wahrhaftiges Menschenwesen?“

Wie sind Gedanken mit Gefühlen verbunden?

Gedanken sind nicht nur reines Denken, das im Gehirn geschieht, sondern sie setzen immer ein Gefühl voraus, ein Empfinden, welches entweder von außen oder aber im Inneren signalisiert wird, sprich in der eigenen Seele entsteht. Manche Gefühle können bei dem einen oder anderen Menschen Irrläufer sein, das heißt sie können ihn auf eine negative Bahn bringen. Also schließt dies natürlich Negativinspirationen nicht aus, denn alles fließt ineinander. Wo positive Inspirationen sind, sind negative ebenso. Überall dort, wo etwas Positives entstehen soll oder wo wir von geistiger Welt darum bemüht sind, etwas Positives zu bewirken oder zusammenzuführen, wird es von einer anderen

Seite her getrennt. Auch dies sind dann immer Handlungsweisen, denen ein Gefühl vorausgeht, sei es ein falsches oder ein richtiges Gefühl. Der Mensch trifft die Entscheidung, wann er Inspirationen zulässt und wann nicht, wann er ein positives Gefühl bekommt und wann er auch ein negatives Gefühl bekommt. Negative Gefühle werden meistens schnell wieder weg geschoben, weil man sie nicht sehen möchte. Doch auch die sind präsent.
Und das ist ja die Sache zwischen dem eigenen Vertrauen in sich und sein eigenes Gefühl. Wer hat Vertrauen zu seinen eigenen Gefühlen? Wer hinterfragt nicht ständig seine eigenen Gefühle? Spontaneität in sein Gefühl hineinzubringen und zu sagen: „Ja, ich vertraue, ich folge mir selber.“ Dort spielen überall die Faktoren Unsicherheit und Angst eine Rolle. Und dies ist dann die Gefahr, der irdische Hemmschuh, um eins mit dem Geistigen zu werden, um Vertrauen in sich selbst und seine eigenen Ideen und Gedanken zu haben. Dann kann man auch dem Geistig-spirituellem vertrauen. Erst dann.
Was euch an Inspirationen übermittelt wird, ist mühsame Energie, um diese Inspirationen durch das Wirrwarr von euren Angstgefühlen und Unsicherheiten ankommen zu lassen. Geht selbstbewusster mit euch um und sagt: „Ja, hier bin ich! Ich bin ein Teil des Göttlichen. Ich bin ich.“ Verinnerlicht dies und wisst, dass ihr ein großer Teil der göttlichen Energie seid. Setzt damit ein positives Zeichen eures eigenen Ichs.

Kannst du uns noch etwas zum großen Thema Gedanken sagen?
Ja, ich möchte noch einen kurzen Abschnitt erläutern zu den göttlichen Gesetzmäßigkeiten. Menschen, die sich mit dem Spiritualismus befassen, haben die Pflicht dem geistigen Reich gegenüber, die göttlichen Gesetze einzuhalten, so wie wir von geistiger Seite aus die Pflicht haben, ebenfalls diese Gesetze einzuhalten, sie nicht zu unterbinden, zu übergehen, zu verdecken oder nicht zu erläutern. Man kann von seinem inneren

Gefühl her tagtäglich mit seinem eigenem Schutzpatron, mit seinem Geistführer in eine gedanklich geistige Verbindung treten. Man kann einen gedanklichen Austausch vollziehen, genauso wie der Schutzpatron, der Geistführer, der Geistlehrer tagtäglich Inspirationen geben kann. Dies wird ebenfalls für den Menschen jedoch nicht überstrapaziert, denn wenn Entscheidungen immer wieder hinausgezögert und nicht getroffen werden, so können die nachfolgenden Inspirationen und Führungen nicht vollzogen oder durchgeführt werden. Denn der Mensch blockiert dann seine eigene Zusammenarbeit zwischen dem geistigen Reich und seinem Geist sowie seiner Seele. Genauso wie es bereits ja wissenschaftlich bewiesen ist, dass es ein Leben nach dem irdischen Tod gibt *(z.B. das Delpasse-Experiment; Anm. d. Hrsg.)*, so ist es auf der anderen Seite noch nicht wissenschaftlich bewiesen, dass es die geistige Führung, und die Inspirationen, Intuitionen gibt, und wer im Grunde genommen wirklich dahinter steckt. Ein unwissender Mensch denkt und glaubt, dass alle Gedankenvorgänge und Führungen aus seinem eigenen Gedankengut stammen. Dies ist nicht richtig. Wir nehmen auch dem Menschen keine Entscheidung ab, sondern wir geben Hinweise. Führungsimpulse, Gedankenimpulse, Dinge zu tun oder zu handeln, die eigentlich seinem geistigen Denken widerstreben, um diesen Menschen langsam dorthin zu führen, wo er eigentlich zu sein hat und wo seine wahren Aufgaben liegen, und wo er sich hingezogen fühlt, um sein Inneres zu entfalten. Tatsächlich zu leben. Meine Frage ist, wann beginnt ein Mensch tatsächlich zu leben? Nicht von dem Moment an seiner Inkarnation. Er beginnt dann zu leben, wenn er sich selber gefunden hat, wenn er zu sich selber steht, und wenn er mit allem und jedem in seinem Umfeld, in dem gesamten göttlichen Plan, eins ist und sagen kann: Ich liebe das Leben, denn ich habe es mir so gewählt. Wenn dieser Zeitpunkt da ist, dann beginnt der Mensch zu leben. Im Inneren zu leben, auch den Mut zu besitzen, die wahren Gefühle und Gedanken zu äußern, aufzublühen wie eine

Sonnenblume, sich zu entfalten wie eine Rose und geradezustehen in der Vielfältigkeit des Blätterwerks eines Baumes. Wenn dies alles ineinander harmonisiert, dann beginnt der Mensch zu leben. Wer sich an Kleinigkeiten des alltäglichen Seins aufhält, sich Gedanken um Dinge macht, die überhaupt nicht wichtig sind, der blockiert sein Leben und die Zusammenarbeit zwischen dem geistigen Reich und seiner eigenen Seele.

Belehre uns über den Zusammenhang von Bewusstsein und Gehirn.

Die Wahrheit ist nur in Gott zu suchen, denn Gott ist die Wahrheit und die Wahrheit ist ewig! Diese Erkenntnis gibt den Menschen den Grund, an das Gute zu glauben und es anzustreben. Das Leiden ist nicht von Gott gewollt, sondern die Folge der zerstörerischen Angriffe der niederen, bösartigen Intelligenzen. Das Leiden ist daher eine Folge der bestehenden Gegensätze und wird durch das naturwidrige Verhalten aller Mitläufer von Luzifer vermehrt. Alles ist noch im Werden, noch gibt es nichts Vollendetes, auch der Mensch ist nicht vollendet. Selbst Gott entwickelt sich ständig weiter, da Er an allem teilnimmt. Das Endziel liegt nicht in der Vollendung des Lebens auf diesem Planeten Erde, denn das Universum ist für eine solche Annahme viel zu groß. Der Lebensprozess auf der Erde ist nur ein kleines Teilexperiment der Schöpfung im unermesslichen All, die Erde vergeht einmal.

Die Materie würde nicht existieren, wenn sie nicht perpetuelle Eigenschaften hätte, denn diese Dauerbewegung hält alles zusammen. Die Bewegung beweist jedoch einen lebendigen Gott, denn Gott ist die Bewegung von Anfang an. Das Universum besteht aus der Ordnung. Zur Ordnung gehört jedoch ein Befehl und dieser geht von Gott aus. Ohne Befehl kann sich nichts rühren, kann sich nichts entwickeln. Ohne Befehl gibt es keine sinnvolle Ordnung. Ein Befehl ist kein Naturgesetz, ein

Befehl ist mehr, weil er vom Willen ausgeht. Der Wille steht also über dem Naturgesetz.
Ein Befehl muss auf ein Ziel gerichtet sein. In diesem Fall auf eine sichtbare Bewegung, auf eine Lebensäußerung. Ein solcher Befehl setzt aber ein Bewusstsein voraus. Ohne eine Zielsetzung wäre jeder Befehl vernunftlos und daher wertlos. Die Materie kann keine Befehle erteilen, sie müssen von einem Bewusstsein ausgehen. Die Materie kann solche Befehle nur aufnehmen und entsprechend ihrer Organisation darauf reagieren. So ist es auch mit dem Gehirn. Der Körper lenkt nicht den Geist, sondern der Geist lenkt den Körper!
Die Eiweißzellen des Gehirns sind so geschaffen, dass sie die immateriellen Vibrationen des Geistes aufnehmen können, so dass sie durch eine Art der Umformung in elektrische und magnetische Feinstimpulse übersetzt werden können. Durch diese enorme Tatsache ist der Forscher bisher getäuscht worden. Er musste annehmen, dass die Bewegungsvorgänge im Gehirn selbst stattfinden. In Wirklichkeit handelt es sich dabei nur um eine ‚Reproduktion' des Geistes im Gehirn. Daraus folgt: Ein Organismus, wie er auch immer geordnet sei, kann keine Lebensäußerung übertragen, wenn der Befehl dazu nicht von einer vernünftigen Stelle aus erfolgt ist. Die Materie kennt jedoch keine Vernunft, sie richtet sich nur danach.
Die biologische und medizinische Forschung im Bereich des Lebens und des lebenden Organismus hat bewiesen, dass eine Veränderung des Gehirns auch zu Veränderungen der Reaktionen führt. Zerstörte Teile des Gehirns lassen gewisse Wahrnehmungen und Bewegungsarten ausfallen oder falsch entstehen. Auch durch diese Tatsache wird der Forscher getäuscht. Der Geist kann nur in den Teilen des Gehirns wirksam werden, die ihm brauchbar zur Verfügung stehen. Er kann zum Beispiel nichts sehen, wenn er die Optik mit allen dazu gehörenden Gehirnteilen nicht zur Verfügung hat. Nach der Entkörperung, dem so genannten Tod, springt die Seele in einen immateriellen

Körper über, der sich von der Materie löst. Auf diese Weise hat die Seele wieder alle Organe zur Verfügung, die sie für ihre bewusste, jenseitige Existenz braucht.

Hat das Fernsehen einen Einfluss auf die Denkträgheit des Menschen, die heute vielfach anzutreffen ist?
Es kommt ganz auf die Programme an. Das Fernsehen ist wie ein Medium, aber es ist ein ungeschütztes Medium und darum ist es sowohl für das Positive als auch für das Negative offen. Selbstverständlich wird das Denken beeinflusst. Eine Trägheit kann aber auch entstehen, wenn das Fernsehen übertrieben wird.

Bewusstsein, Ober- und Unterbewusstsein

Wissenschaftler behaupten, dass das Bewusstsein an die Materie gebunden ist. Wie lautet die Gegenerklärung?
Manche gehen sogar noch weiter. Sie geben an, dass die Materie das Bewusstsein hervorbringt, also denkt und plant. Die Materie kann niemals ein Bewusstsein hervorbringen und dafür gibt es keinen einzigen Beweis. Ein Bewusstsein, das geistige Funktionen hat, bedient sich der Materie zu ganz bestimmten Zwecken.

Die Psychologie nimmt an, dass sich das Unterbewusstsein des Menschen im Gehirn befindet. Stimmt das?
Es stimmt, dass der Erdenmensch sein Gehirn mit zum Denken benutzt. Das trifft aber nur im Erdenleben zu. Nach dem Austritt aus dem Körper übernimmt das Astralgehirn diese Aufgabe. Der eigentliche Denkprozess oder vielmehr die Tätigkeit des Bewusstseins ist ein kosmischer Vorgang. Irrtümlicherweise wird der im Kosmos verbleibende Teil des eigentlichen Denkprozesses als Unterbewusstsein bezeichnet. Der kosmische Denkprozess teilt sich dem Gehirn mit. Ihr müsst merken, dass das Bewusstsein keine Materie ist, auch der Geist ist keine Materie. Aber der Geist kann mit der Materie arbeiten. Der Erdenmensch ist noch nicht so weit, das gänzlich zu erfassen.

Man spricht viel vom Unterbewusstsein. Kannst du uns etwas darüber sagen?
Selbstverständlich meint man damit eine Gehirnfunktion. Das ist jedoch falsch. Gedankengänge und Bewusstseinsvorgänge sind kosmischer Art. Sie liegen außerhalb des Gehirns. Also korrespondiert das Unterbewusstsein mit einem speziellen Gehirnteil. Sofern jedoch der Mensch irgendeine Überlegung anstellt, handelt es sich nicht mehr um das Unterbewusstsein, sondern um eine Seelentätigkeit. Das Unterbewusstsein ist nichts anderes als der gesamte Erfahrungs- und Erinnerungsinhalt, der sich im

Kosmos auf der speziellen Frequenz eines Menschen befindet. Sich auf die Frequenz eines anderen Menschen einzustellen, kommt täglich vor. Entweder wird der Betreffende zum Genie oder auch wahnsinnig. Doch wenn es sich nur um eine bruchstückhafte Umschaltung handelt, so spricht man von einer Telepathie.

Man spricht von einem eigenen, unbewussten Denken. Kannst du uns bitte diesen Vorgang näher erklären?
Es handelt sich um ein ungewolltes Denken. Jeder von euch kann es erleben, dass er, wenn er die Augen schließt und versucht, an nichts zu denken, sich ihm automatisch die kuriosesten und unglaublichsten Gedanken aufdrängen. Diese Gedanken sind mit bildhaften Eindrücken verbunden. Dieser Vorgang ist natürlich und beweist, dass die Seele ununterbrochen in Tätigkeit ist. Dieser Vorgang erklärt aber auch das unbewusste, ungewollte Denken.

Wir haben den Eindruck, dass man vom Unterbewusstsein eine ganz falsche Vorstellung hat. Dieser Begriff ist doch von der Wissenschaft geprägt worden. Was sagt ihr dazu?
Was das Unterbewusstsein betrifft, muss ich noch einiges klarstellen. Das Unterbewusstsein ist nicht nur ein Ablegeplatz für das Negative, es ist ein Ablegeplatz für alles, womit sich das Oberbewusstsein nicht befassen kann oder will. Das Unterbewusstsein, das heißt, überhaupt das ganze Bewusstsein des Menschen, ist kosmisch, also im All. Da aber das Negative zumeist zu den Dingen zählt, die als unangenehm abgetan werden, also äußere negative Einwirkungen, so wird es ins Unterbewusstsein verdrängt. Folglich liegt dort mehr Negatives als Positives. Das Gehirn funktioniert als Relais, das wissen wir. Das Oberbewusstsein, wie auch das Unterbewusstsein haben ihren Sitz im Kosmos und werden vom Willen über die Gehirnzellen angepeilt. Stellt euch das Oberbewusstsein beispielsweise

als die Mittelwelle vor und das Unterbewusstsein als die Ultrakurzwelle.

Woher kommen die Begriffe Ober- und Unterbewusstsein?
Das Oberbewusstsein wird vom Willen kontrolliert, während das Unterbewusstsein dieser Kontrolle nicht unterliegt. Das hat man herausgefunden und daher die Trennung der Begriffe. Im Unterbewusstsein wird alles akzeptiert und für real hingenommen. Hieran könnt ihr erkennen, dass das Unterbewusstsein niemals für einen Spuk verantwortlich gemacht werden kann, weil es nicht durch den Willen kontrolliert wird. Aber ein Spukphänomen ohne Absicht, das heißt ohne einen bestimmten Willen, gibt es nicht, das wäre unlogisch. Das Oberbewusstsein ist das Kontrollbewusstsein, das alles auf seine Logik untersucht. Auch in einem Spuk ist eine Logik vorhanden.

Wir kommen noch einmal auf das Unterbewusstsein zurück. Die Wissenschaft kennt heute noch nicht die Funktion, wie das menschliche Bewusstsein wirklich arbeitet. Kannst du uns etwas darüber sagen?
Zu jedem Wort gehört ein Begriff, der eine geistige, das heißt bildhafte Vorstellung im Spiegel des Bewusstseins hervorruft. Dieser bildhafte Begriff wird im Kosmos eingeordnet. Holz zu Holz, Eisen zu Eisen und so fort. Diese Begriffe werden vom Willen angepeilt und aufgespürt. Durch Überlegen erscheinen dann diese Begriffe auf dem Bewusstseinsspiegel, der mit dem Hirnrelais in Verbindung steht. Der Erinnerungsvorrat im Kosmos ähnelt vergleichsweise einer großen Leihbücherei. Dort steht alles geordnet zur Verfügung, das heißt, es kann entliehen werden. Wer seine Bücherei gut sortiert hat, besitzt ein gutes Gedächtnis. Doch wer ein entliehenes Buch an die falsche Stelle bringt, der lässt eine Lücke zurück und das Buch steht dann an einer Stelle, wo es gar nicht hingehört. Dann kann es vorkommen, dass Holz beim Eisen liegt. So ähnlich verhält es sich mit

den Gedanken. Durch Schulung kann ein Mensch selbstverständlich ein hohes geistiges Niveau erreichen. Worte müssen möglichst mit Begriffen verbunden sein. Je besser die geistigen Bilder eingeprägt werden, desto besser ist dann das Gedächtnis. Auch die abstrakten Begriffe sollten mit konkreten Vergleichen gekoppelt werden. Dann sind sie leichter aufzuspüren. Die Geschwindigkeit dieser Arbeitsweise ist unvorstellbar.

Wenn es so ist, so müssen wir annehmen, dass ein ordnungsliebender Mensch im Vorteil ist. Stimmt das in Bezug auf das Denken?
Da kann man selbstverständlich eine Parallele ziehen. Ein ordnungsliebender Mensch ist sowieso im Denken positiver. Er nimmt es auch hinsichtlich seiner gedanklichen Entscheidungen genauer. Auch das sage ich euch immer wieder: Der Genuss von Tabak beeinträchtigt das Denken mehr, als ihr euch vorstellen könnt. Doch anders ist es mit zerstreuten Menschen. Denn diese haben, da sie zu den Träumern gehören, den Vorteil, dass sie an geistige Dinge gelangen, die außerhalb ihrer normalen Reichweite liegen. Daher gibt die träumerische Meditation gute Resultate. Sie ähnelt einem Sender, das heißt, Empfänger, der zwar alles empfängt, aber unscharf, dafür aber Sendungen bringt, die weiter entfernt sind.

Was sagt das geistige Reich zum Lernen im Schlaf? Der Schlafende hört eine Lektion, die vom Unterbewusstsein erfasst wird.
Im Schlafe wendet sich die Lektion an die Seele, nicht an das Unterbewusstsein. Die Seele nimmt so zum Beispiel eine Fremdsprache auf. Aber gesund ist diese Methode nicht.

Bitte sage uns noch etwas über das Unterbewusstsein!
Das Bewusstseinszentrum liegt nicht im Gehirn, sondern im Kosmos. Doch das Bewusstsein des Menschen steht mit dem Kosmos in Verbindung. Was man zum Unterbewusstsein

rechnet, das ist in Wirklichkeit eine Aufzeichnung von Gedankenvorstellungen, die im Kosmos Dauerschwingungen haben. Der Mensch ist mit seiner Seele imstande, diesen Gedankenvorrat anzupeilen und jeweils ein ‚Echo' zu empfangen. Jede Erinnerung ist ein solches Erinnerungsecho. Doch der Mensch hat den Eindruck, dass sein Bewusstsein im Kopf ist. Das ist aber nicht der Fall. Zwischen der Gehirntätigkeit und dem kosmischen Bewusstsein bestehen Wechselbeziehungen, die diese Täuschung veranlassen. Solange der Mensch glaubt, dass seine geistigen Eigenschaften im Gehirn liegen, wird er sich über sich selbst niemals klar werden, noch weniger über die Existenz Gottes nachdenken können. Da das Bewusstsein mit allen Eigenschaften der Wahrnehmung und der Gefühle im Kosmos vorhanden ist, gibt es auch gar keinen Zweifel darüber, dass das Leben auch noch nach dem Tod weitergeht, denn das Bewusstsein wird durch den Tod nicht berührt. Auch bei einer Betäubung wird der Kontakt zwischen Körper und Seele unterbrochen. Es tritt eine Pause ein. Das heißt also nicht, dass das Bewusstsein außer Kraft gesetzt wird.

Das Bewusstsein übertrifft das Gehirn und bewahrt die Vergangenheit in jeglichen Einzelheiten unversehrt auf. Das physische Gehirn begrenzt das eigentliche Gedächtnis. Es ist ein Instrument physischen Lebens und gestaltet nur die Vergegenwärtigung des geistigen Bewusstseins, das hier und jetzt von Nutzen ist. Es überliefert also nur einen kleinen Teil in das Bewusstsein des Ichs. Wenn also die Begrenzung des Verstandes beseitigt ist, erwacht die Seele zur größeren Bewusstheit und ihre ganze Vergangenheit wird offenbar. Dies können auch geistig weiter entwickelte Menschen im Schlafzustand erfahren. Wenn wir schlafen, oder besser gesagt, ehe wir einschlafen, kann der bewusste Wille die Seele zum Besuch in die geistige Welt senden und sie kann sich ihren höheren Führern anschließen. Dort kann sie Weisheit, Kraft und Antrieb von ihnen sammeln, mit welchen sie zum Körper zurückkehrt. Der unterbewusste

Verstand saugt viel davon auf, aber das Gehirn empfindet nicht alle Bewusstheit seiner eigenen Seele oder seines eigenen Geistes. Es ist sich des eigenen Engels im Innern nicht bewusst. Kurz, ich möchte sagen, dass das oberflächliche Bewusstsein durch die Wahrnehmungsempfindungen des Körpers, durch das objektive Bewusstsein genährt wird. Es gibt noch ein tieferes Bewusstsein als jene beiden. Ein unbegrenztes, vollendetes geistiges Bewusstsein, welches vielleicht besser mit Fühlen, ursprünglichem Fühlen oder Urkraft angegeben werden sollte. Das Denken, wie überhaupt das Empfinden, also jegliche Wahrnehmung wird kosmisch aufgezeichnet.

Leider glauben die meisten Menschen, dass mit dem Tod auch das Bewusstsein erlischt. Was kannst du uns noch dazu sagen?
Es wäre ja sehr traurig, wenn alles Erlebte und Angesammelte auf einmal ausgelöscht wäre. So naiv ist die ‚Natur', also Gott, nicht. Im Gegenteil, das Bewusstsein wird durch den Tod erweitert!

Der Begriff ‚Unterbewusstsein' wird von der Parapsychologie so sehr strapaziert und für alles verantwortlich gemacht. Wie könnten wir diesen Begriff einordnen in unser geistiges Wissen?
Unterbewusstsein ist das Zwischenstück zwischen Geist und Seele, welches wie ein Chip von einem Computer zu sehen ist. Man versucht das Unterbewusstsein dann einzusetzen, wenn der Geist des Menschen nicht mehr weiter weiß. Ist etwas nicht erklärbar, dann wird von dem Unterbewusstsein gesprochen. Das eigentliche Unterbewusstsein bin ich, Elias, und das gesamte geistige Reich.

Das wäre ja dann identisch mit dem Begriff Gedächtnis.
Das ist das Einzige, was es gibt. Ein Unterbewusstsein, ich komme nicht aus einem Unterbewusstsein, ich komme aus dem

geistigen Reich, ja. Informationen von dir, Intuitionen, kommen nicht aus dem Bewusstsein oder Unterbewusstsein, ...

Das sind die Dinge, die alles durcheinander bringen.
… sondern sie kommen aus dem geistigen Reich.

Also können wir den Begriff Unterbewusstsein streichen.
Richtig. Ich habe hier den Begriff Unterbewusstsein bisher gewählt, weil er so oft angewendet wird. Aber jegliche Gedanken, Inspirationen, Intuitionen kommen aus geistiger Richtung. Die letztendlichen Entscheidungen, Entscheidungsfragen, die ihr euch dann selber in eurem Geist stellt, die löst ihr ja auch selber. Die Entscheidung trifft der Mensch selber. Hilfestellungen kommen aus dem geistigen Reich. Und wenn diese Zusammenarbeit erkannt wird und anerkannt wird, und irgendwann auch einmal mit Hilfe der Santiner *(eine Menschheit aus dem Sonnensystem Alpha Centauri - Bücher zu den Santinern finden Sie am Ende dieses Buches; Anm. d. Hrsg.)* überprüfbar und sichtbar sein wird, erst dann begreift der Mensch, dass es kein Unterbewusstsein gibt.

Erinnerung

Wo befindet sich die Erinnerung des Menschen? Wo befindet sich das gesamte Gedankengut, mit dem der Mensch arbeitet?
Die Gedanken und jede geistige Vorstellung befinden sich im Kosmos und nicht im Gehirn des Menschen. Doch der auf Erden lebende Mensch steht mit dem Kosmos in enger Verbindung. Die Seele ist der Regisseur des Körpers. Wenn der materielle Körper nicht mehr lebensfähig ist, so schaltet er die Verbindung von seinem Regisseur ab. Es ist ein großer Irrtum, wenn man annimmt, dass die Gedanken und das Bewusstsein im Gehirn des Menschen hervorgebracht werden. Das Gehirn ist kein Reservoir für die Erinnerungen. Das Gehirn nimmt aber die Gedanken der kosmischen Seele auf, so ähnlich, wie ein Radioempfänger die Sendung empfängt. Der Mensch hat allerdings darüber hinaus die Fähigkeit, zu überlegen, zu planen, zu vergleichen und Schlüsse zu ziehen. Alle diese Denkprozesse finden nicht im Gehirn, sondern im Kosmos statt. Die elektrischen Impulse des Denkens sind mit den Gedanken nicht identisch. Das Gehirn ist, wie gesagt, ein Relais des materiellen Körpers. Der Mensch kann lieben und er kann hassen, er kann nachtragend sein und auch wiederum verzeihen. Glaubt ihr, dass alle diese Eigenschaften nur durch die Materie hervorgebracht werden können?

Wenn ich mich an etwas erinnern will und ich suche danach, wie geht das vor sich?
Wenn eine Erinnerungslücke besteht, so ist das eine Peilungslücke. Man kommt beim Suchen besser zum Ziel, wenn man zwanglos denkt, denn das angestrengte Denken hindert den Peilvorgang. Wenn man sich entspannt, kommt man schneller zum Ergebnis. Entspannt kann man besser in die Tiefen des Unterbewusstseins hinabsteigen. Dabei ist zu beachten, dass sich Dinge, die du optisch erfasst, sich auch in Gedanken besser spiegeln. Wenn man sich in der gleichen Situation befindet, wo

der Gedanke entstand, so kommt die Erinnerung leichter zurück. Es ist eine Art von Lokaltermin.

Uns wurde einmal gesagt, dass die Erinnerungen kosmisch aufgezeichnet sind. Wie ist das zu verstehen?
Wenn eine Gehirnzelle, das heißt eine Intelligenzzelle nicht mehr existiert, so ist die Erinnerung trotzdem kosmisch aufbewahrt.

Soll das heißen, dass die Gehirnzellen tatsächlich die Erinnerung aufnehmen?
Daneben findet jedoch gleichzeitig eine kosmische Aufzeichnung aller Gedankenvorgänge statt. Die kosmische Aufzeichnung geht allerdings ins Gigantische. Es ist so wie bei einem Eisberg, der zu sieben Achtel unter der Wasseroberfläche ist. Man könnte sagen, dass das Gehirn ein Achtel der Zellentätigkeit ausmacht, während sich sieben Achtel im Kosmos befinden.

Jeder Mensch hat doch einen gewissen Erinnerungsvorrat. Ist es möglich, in diesen Erinnerungsvorrat einzudringen?
Das kann nur telepathisch möglich sein. Die Erinnerung besteht aus kosmischen Eindrücken, die angepeilt werden können. Sie reflektieren wie ein Spiegel.

Wie ist es möglich, dass tatsächliche Vorkommnisse unvergessen bleiben. Selbst wenn diese Erlebnisse 50 Jahre lang vergessen sind, tauchen sie plötzlich wieder auf. Ein Beweis, dass nichts vergessen wird. Was sagst du dazu?
Jedes Erlebnis, das über das Bewusstsein geht, wird im Kosmos durch geistige Schwingungen aufgezeichnet. Das Gehirn setzt sich mit der Seele in Verbindung und peilt diese Schwingungen an, die wie bei einem Recorder reflektieren. Auf diese Weise kann sich jeder Mensch an etwas erinnern, was jahrelang zurückliegt. Bei einem Traumerlebnis findet die Aufzeichnung nur sehr ungenügend statt, weil das Gehirn fast ausgeschaltet ist.

Da in diesem Falle keine kosmische Aufzeichnung besteht, kann sich der Mensch nur sehr schwach oder gar nicht erinnern.

Dann gibt es also keine Gehirn-Eindrücke?
Nein. Die Erinnerung ist ein kosmischer Prozess. Es handelt sich um geistige Schwingungen, die einen ganz bestimmten Platz einnehmen. Daher spricht man gleichnisweise vom ‚Buch des Lebens'. Dieses ‚Buch' ist ein kosmischer Bereich.

Von diesem Buch spreche ich schon lange

Wenn das Gehirn eines lebenden Menschen die Frequenz nicht richtig einhalten kann, so ist doch anzunehmen, dass Erinnerungen, bzw. Fragmente von früheren Leben im Bewusstsein störend auftreten können. Was meinst du dazu?
Ja, so ist es. Auch bei kleineren Kindern arbeitet die Frequenzkontrolle des Bewusstseins noch nicht zuverlässig. Daher phantasieren sie oft. Diese Phantasien beziehen sich auf frühere Leben. Später verliert sich diese Unsicherheit der Kontrolle.

Besteht zwischen der kosmischen und der materiellen Gehirnaufzeichnung ein Unterschied? Was wird aufgezeichnet?
Das Gehirn zeichnet das Wesentliche auf, während der Kosmos alles aufnimmt. Reicht die Erinnerung des Gehirns nicht aus, so kann die Seele vom Kosmos Gebrauch machen. Nach dem Tod macht die Seele nur vom Kosmos Gebrauch. Empfindungen wie Freude, Hass, Liebe oder Schmerz werden vom Gehirn nicht aufgezeichnet, sie sind direkte Empfindungen der Seele. Solche Empfindungen werden sich auch niemals übertragen lassen. Die Empfindungen sind nicht in den Hirnzellen verankert.

Dadurch spricht man auch viel vom gebrochenen Herzen

Das Kontrollieren und Sortieren der Gedanken erfolgt also durch das Gehirn.
Bei einem auf Erden lebenden Menschen ist dieser Vorgang nicht kosmisch. Er vollzieht sich in der Materie, da der Mensch ja in der Materie lebt. Aber die Gedanken und Erinnerungs-

schwingungen werden in das Gehirn hineingespiegelt. Wenn die Kontrolle der Frequenz nicht da wäre, wäre die ganze Menschheit verrückt.

Haben die Verstorbenen eine Erinnerung an ihr Erdendasein?
Selbstverständlich, sogar sehr gut, oft besser als im Erdenleben. Alle Erinnerungen haben einen kosmischen Charakter, sie bleiben daher unendlich erhalten. Alles wird aufgehoben und nichts vergessen. Auf diese Weise kann jeder Mensch mit allen Taten und Gedanken jederzeit konfrontiert werden.
Wir sind immer gern bereit, euch zu belehren, auch wenn es sich um Fragen über das geistige Reich handelt. Es macht uns Freude, denn wir möchten euch das Licht der anderen Welt bringen. Nicht den Tod, sondern das Leben. Nicht die Angst, sondern die Zuversicht und die Liebe und das Vertrauen und deshalb sind wir immer und immer bemüht, euch zu helfen und euch Verständnis entgegen zu bringen. Ihr sollt nicht glauben, ihr seid mit eurem Schicksal verlassen und völlig allein. Aber ein wenig Fügung ist natürlich auch dabei.

Wie ist es möglich, dass sich einige Menschen an ein früheres Leben erinnern können?
Das kommt vor, wenn sich das Gehirnrelais auf eine entsprechende Frequenz einstellt. Der vom Gehirn ausgehende Strahl findet dann die Erinnerungen. Es gibt aber auch Fälle von Gedächtnisschwund, wenn dieser Strahl versagt, das heißt wenn er nicht einmal die gegenwärtigen Erinnerungen eines jetzigen Daseins aufspürt. Die Santiner haben eine Möglichkeit, diesen Suchstrahl zu entkräften. Darum betonen wir immer wieder, dass die Lehre von der Reinkarnation viel wichtiger ist, als jedes Wissen von der Existenz geistiger Wesenheiten. In der Reinkarnationslehre ist das Wissen von der Unsterblichkeit der Seele enthalten.

Warum haben nur in ganz seltenen Fällen die Menschen eine Erinnerung an ihr früheres Leben?
Der Mensch könnte auf dieser Erde kaum leben, wenn er seine Erinnerungen aus dem Reiche Gottes behalten würde. Er würde mit seinen Mitmenschen in ständige Feindschaft kommen, weil er sie mit seinem Wissen alle durchschauen könnte.

In jeder Inkarnation gibt es eine neue Frequenz für die Erinnerungen. Kann diese Sperre durchbrochen werden?
Ja, aber sehr selten. Diese Sperre ist sehr wichtig, besonders für solche Menschen, die nicht so gelebt haben, wie sie es hätten tun sollen.

Es kommt aber doch vor, dass man den Wunsch hat, sich an etwas zu erinnern, aber man kommt zu keinem Resultat. Woran liegt das?
In solchen Fällen wird der Empfang durch die eigenen Gedanken gesperrt.

Wie geht man im geistigen Reich mit Erinnerungen um?
Im Jenseits können sich die Seelen viel besser an alles erinnern als im Erdenleben, weil das Gehirn ausgeschaltet ist. Überhaupt läuft der Bewusstseinsprozess viel schneller und intensiver. Mit Recht spricht die Geisteswissenschaft von einer größeren Welt. Daher ist es nicht zu begreifen, dass diese superlative Welt, in die jeder Mensch einmal kommt, so wenig Interesse findet. Die irdische Gehirnforschung befindet sich auf völlig falschen Wegen. Auch die Psychologie kann nicht zu objektiven Resultaten kommen, weil sie die Existenz der persönlichen Seele ablehnt. Ein lebender Mensch bringt die Seele nicht hervor. Die Seele ist schon vor der Geburt vorhanden und wird mit dem Körper verbunden. Stirbt ein Mensch, so löst sich die Verbindung. Jeder ins Jenseits kommende Mensch hat seinen Verstand, seine Erinnerungen und sein gesamtes Bewusstseinsempfinden

zur Verfügung. Seelenforschung muss richtig betrieben werden, wenn sie zu exakten Resultaten gelangen will. Ihr könnt euch nicht vorstellen, wie wichtig dieses Gebiet ist. Für die Kriegsindustrie werden Milliarden ausgegeben, und für die Seelenforschung? Wissenschaftler scheuen keine Weltkatastrophen, aber umso mehr die Wahrheit über das Jenseitsleben.

Intelligenz

Wir sprechen oft von Intelligenz und Intelligenzen. Was versteht das geistige Reich unter dem Begriff ‚Intelligenz'?
Intelligenz ist ein Sammelbegriff. Intelligenzen sind denkende Wesen, die Verstand genug haben, Gut und Böse zu unterscheiden und die Schöpfung als solche wahrzunehmen. Unter dem Wort Intelligenz versteht ihr allerdings eine besondere Begabung im negativen Sinne. Heute wird bei euch die Intelligenz mit Gerissenheit und Verschlagenheit verwechselt. Die Gutmütigkeit wird jedoch zur Dummheit gerechnet. Jemand kann auf einem bestimmten Gebiet sehr intelligent sein, doch derselbe kann auf vielen anderen Gebieten ein vollkommener Versager sein. Man kann also nicht aus einer einzigen Handlung auf eine überdurchschnittliche Intelligenz schließen. Intelligenz ist allgemein bekannt als Fähigkeit, rasch und logisch zu denken und Initiative zu entwickeln. Aber die Einordnung des Erlernten zwecks sinnvoller Anwendung ist ja das Entscheidende dabei. Es kann ein Mensch viel Geist besitzen und alles ist bei ihm richtig eingeordnet, abgesehen, was die Dinge bei ihm betrifft, die nicht von Interesse für ihn sind. Jene Dinge ordnet er nicht richtig ein. Fragt man ihn über bestimmte Dinge, so gewinnt man den Eindruck der Intelligenzlosigkeit und dennoch kann jeder Mensch auf gewissen anderen Gebieten enorm intelligent sein auch auf Gebieten, von denen kaum einer erwartet hätte, dass er so orientiert ist. Das geschieht nur auf Grund der richtigen Gedankeneinordnung.

Wie ist es mit der Intelligenz? Es gibt doch Menschen, die alles wollen und sich für intelligent genug halten, alles zu können?
Gut und Böse hat kaum etwas mit der Intelligenz zu tun. Das Gefühl soll den Menschen auszeichnen, es setzt ihn über die intelligenteste Maschine. Es gibt Computer, die tausendmal schneller und sicherer rechnen und kalkulieren, als das beste

Intelligenz – auf einem Gebiet gut auf den anderen nicht, siehst du jetzt was ich meine?!

menschliche Bewusstsein. Dennoch ist der menschliche Gedankenprozess unübertreffbar, denn der Computer arbeitet nur speziell, während es für den menschlichen Gedankenprozess gar keine Begrenzung gibt. Selbstverständlich kann jeder Mensch sein Fassungsvermögen so trainieren und erweitern, dass er auch die übersinnliche Wahrheit begreift.

Für die Bezeichnung ‚Geister' wird heute in Fachkreisen lieber das Wort ‚Intelligenzen' gebraucht. Ist das richtig?
Nein. Wie ich euch schon erklärte, ist der Begriff dehnbar. Es kommt immer darauf an, wie intelligent man ist, es kann auch negativ intelligent sein. Davon gibt es im geistigen Reich mehr als genug. Es wäre also völlig fehl am Platze, wenn man einen absolut negativen Geist als Intelligenz bezeichnen würde. Vernunftbegabte Wesen bezeichnet man ebenso als intelligente Wesen. Es gibt aber genug Menschen, die ihre an sich gesunde Vernunft missbrauchen. Man spricht von Intelligenzen, die auf anderen Planeten leben, obwohl man keine vernünftige Vorstellung von diesen Lebewesen hat.

Oft nimmt man an, dass ein berühmter Mensch, ein Prominenter, eine hervorragende Intelligenz besitzt. Unter Intelligenz verstehen wir jedoch, dass positive Entscheidungen bevorzugt werden. Kannst du uns Näheres darüber sagen?
Die wirkliche Intelligenz muss vom Gemüt aus gesteuert werden. Aber die meisten Menschen betrachten das Gemüt, das an sich göttlich und gut ist, als einen lästigen Warner. Ihr Wille schaltet dann den unbequemen Warner aus. Hinzu kommt noch, dass die meisten Menschen nicht beurteilen können, ob eine positive Intelligenz vorhanden ist, sie richten sich nach dem Urteil der Presse.

Unterschätzen die Menschen ihren Gefühlssinn?

Der Gefühlssinn gibt euch mit der Intelligenz verbunden die Kraft, etwas zu entscheiden. Ihr empfindet und wägt mit Vernunft ab, dann kontrolliert ihr mit dem Verstand und rechnet ab. Wenn diese Reihenfolge nicht stimmt, dann gibt es Fehlurteile.

Woran liegt es, dass es Menschen gibt, die alles gut begreifen, während es sogar Akademiker gibt, die vieles nicht begreifen?

Einmal hängt das Begreifen von der Vorentwicklung ab, die sich durch mehrere Inkarnationen zieht. Dann ist es eine Sache der Gehirnsubstanz, die hindernd sein kann und die Geistestätigkeit hemmt. Aber es gibt auch eine große Anzahl von Menschen, bei denen alles gut und in Ordnung ist, die aber trotzdem begriffsstutzig sind. Diese Menschen akzeptieren alles, was andere bereits vor ihnen akzeptiert haben. Sie akzeptieren zum Beispiel die Wissenschaft, auch wenn sie Fehler aufweist. Diese Menschen sind also kritiklos und arbeiten nur mit fertigen Werten, die nicht von ihnen stammen. So kommt es häufig vor, dass Politiker und Akademiker ihre Entscheidungen nur mit Maßstäben treffen, die sie sich so eingepaukt haben, dass sie für alles Verwendung finden. Es gibt aber einfache Leute, die keine große Schulbildung besitzen, die jedoch von ihrem gesunden Kritikvermögen Gebrauch machen. Diese Menschen haben keine Maßstäbe zur Verfügung, sie haben nichts eingepaukt, womit sie arbeiten können. Diese müssen eigene Entscheidungen des Verstandes treffen und dabei sind sie den anderen oft hoch überlegen.

Auch das sage ich stets.

Es gibt Menschen, die ganz hervorragend rechnen können, sie leisten Enormes. Handelt es sich dabei um eine angeborene Begabung, die vielleicht mit einer früheren Inkarnation zusammenhängt?

Ich möchte dazu sagen, dass es sich um ein hervorragendes Gehirn handelt, das in der Lage ist, den im Kosmos vorhandenen

‚Seelenkosmos', den jeder Mensch besitzt, schnell anzupeilen, um von dort die Antwort zu erhalten. Je besser ein Gehirn beschaffen ist, desto besser funktioniert es als Mittler zwischen der materiellen und der geistigen Welt. Das Gehirn ist ja das Bindeglied zwischen Körper und Seele. Es bestehen also Wechselbeziehungen, die sehr leicht zu Täuschungen führen können. Darum ist auch die Wissenschaft darüber falsch informiert, denn sie vermutet alle Bewusstseinsvorgänge im Gehirn, während diese im Kosmos vorhanden sind.

Ihr sagtet einmal, dass Karl Marx ein Genie war. Ich kann nicht begreifen, dass ein negativ beeinflusster Mensch ein Genie sein kann.
Spitzfindiges Denken kann genial sein. Es braucht deshalb nicht positiv zu sein. Ein solches Denken hat auch nichts mit Wahrheit zu tun, aber die Denkweise kann trotzdem genial sein. Das trifft auch für den Soziologen Marx zu. Genialität ist mit Wahrheit nicht gleichzusetzen. Ein genialer Geist kann möglicherweise konsequent denken und gegenständlich genial erfinderisch wirksam sein. Aber dennoch mag es ihm an einem gesunden Weitblick fehlen. Weisheit enthält Wissen, Erfahrung, Weitblick und Güte. Trotzdem braucht man deshalb nicht genial zu sein. Auch ein Verbrecher kann in der Ausführung und Planung seines Vorhabens genial sein, aber die anderen, wichtigen Eigenschaften können ihm gänzlich fehlen.

Welche Rolle spielen die Gehirnzellen bei einem Genie? Ist ein solches Gehirn anders beschaffen?
Die Zellen spielen bei einem Genie überhaupt keine Rolle. Wenn man annimmt, dass die Genialität mit den Windungen des Gehirns etwas zu tun hat, so ist das auch ein Irrtum. Genies sind fast ausschließlich Menschen, die sehr stark inspiriert werden.

Gibt es Menschen, die von sich aus genial sind?
Selbstverständlich, deshalb sagte ich ja, dass es fast ausschließlich inspirierte Menschen gibt. Doch die Mehrzahl ist negativ inspiriert. Wenn die Menschen einen Roboter schaffen könnten, der sich kaum von euch unterscheidet und mit dem ihr Gespräche führen könntet, so wäre das zwar ein Wunderwerk, aber dieser Roboter hätte kein Gefühl für Freude und Leid und auch kein Gewissen. Er hätte auch kein Empfinden für Gut und Böse.

Was ist der Unterschied zwischen Seele und Geist?
Der Geist ist eure Intelligenz, doch die Seele ist euer Empfinden. Geist und Seele kann man nicht voneinander trennen, sie gehören zusammen. Deshalb ist beides unsterblich. Man trennt diese beiden Begriffe nur deswegen, weil man Geist auch Intelligenz nennt und die Seele Empfindung.

Jetzt verstehe ich auch, warum man manchmal nicht klar denken kann.
Da Geist und Seele eins sind.

Gedankenkraft

Welche Gedanken haben die größte Kraft?
Es sind nicht die konzentrierten Gedanken, welche die größte Kraft haben, sondern speziell die unbewussten Gedanken, die eine besondere Feinfrequenz haben. Die unbewussten Gedanken haben die größte Intensität. Das wird meistens auch von Wissenschaftlern völlig verkannt. Die konzentrierten Gedanken haben eine geringere Durchschlagskraft. Das trifft auch für die Telepathie zwischen Erdenmenschen zu.

Haben die menschlichen Gedanken eine Macht über die Materie, wie man sie in Amerika nachweisen möchte?
Ja, Gedanken haben eine solche Macht, aber nicht jeder besitzt sie. Menschliche Gedanken können sich in ihrer Frequenz so aufschwingen, dass sie einen Einfluss auf die Materie ausüben können. Der intensive Wille ist dabei gar nicht ausschlaggebend. Ein unbewusster Gedanke kann viel eher Erfolg haben, als ein krampfhafter Gedanke, der stur auf sein Ziel gerichtet ist. Die Verkrampfung stört sowieso die Kontrolle.

Ist die Kraft der Gedanken von einer entsprechenden Schulung abhängig?
Gewiss, die Gedanken haben Kraft. Die Gedanken sind einer der schöpferischsten Prozesse des Lebens. Sie sind Wirklichkeit in ihrer eigenen Ausdrucksform, aber sie sind begrenzt, gemäß der Sphäre, in der sie benutzt werden.

Himmelsgewölbe u. Hohlkugel

Können negative Gedanken, die von sehr vielen Menschen ausgehen, das Dasein der Erdenmenschheit beeinflussen?
Geballte Gedanken können das Erdendasein der Menschheit beeinflussen. Solche Gedanken können auf die Materie einwirken. Hier haben wir es mit einer Art geistigen Mantras zu tun. Das Böse kann herausgefordert werden, aber auch das Gute. Ein

Spirituelle – Mantras – Geist

geballtes Gebet hat eine unvorstellbare Wirkung. Auch die Glaubensmacht gehört zur Gedankenkonzentration, die in der Masse verstärkt wird. Jenseitige Wesenheiten können sich viel stärker konzentrieren als irdische Seelen. Ob das Gute oder das Böse triumphiert, hängt oft von euch selbst ab.

Kann eine derartige Konzentration auch zu Heilzwecken benutzt werden?
So ist es. Doch es gibt nur wenige Menschen, die sich so schulen lassen können.

Ist eine jenseitige Konzentration der Gedanken wirkungsvoller als eine, die von einem diesseitig lebenden Menschen vorgenommen wird?
Eine jenseitige Konzentration ist wirkungsvoller, weil sie nicht durch ein organisches Gehirn beeinträchtigt wird. Ein geschulter ‚Jenseitiger' kann sich auf einen Punkt konzentrieren, ohne dass ein Bruchteil seiner Konzentration andere Wege geht. Auf diese Weise kommt auch der Spuk zustande, der sich in Bewegung der Materie äußert.

Glaubst du, dass auch ein Erdenmensch sich so konzentrieren kann, dass er Einfluss auf die Materie ausübt?
Ja, das ist möglich, aber es kommt nur selten vor. Man glaubt dann an Magie. Aber das hat nichts mit Magie zu tun, sondern nur mit der natürlichen Gedankenkraft, das heißt, mit geistiger Energie, die wie ein Laserstrahl auf einen Punkt konzentriert wird.

Die schwarze Magie kennt eine Gedankenkonzentration, die in feindlicher Absicht auf andere Menschen gerichtet ist. Ist es möglich, dass solche Gedanken Schaden anrichten können?
Wenn ihr an Gott glaubt, so seid ihr auch durch euren Schutzpatron geschützt. Anders verhält es sich bei Atheisten, deren Schutz

durch ihr negatives Verhalten aufgelockert wird, denn dann können die Schutzpatrone nicht gut inspirieren. Ihr habt es selbst in der Hand, euch einen Wall zu schaffen. Der beste Schutz gegen negative, okkulte Einflüsse ist die Nächstenliebe. Wenn diese echt ist, prallt alles ab. Die Nächstenliebe ist ja auch die Kontaktbrücke zwischen Diesseits und Jenseits. Doch ihr wisst, dass die Grundlage jeder Liebe, die Liebe zu Gott ist. Ohne diese Grundlage kann keine andere Form der Liebe bestehen.

Haben Verwünschungen und Flüche eine Macht oder handelt es sich nur um einen Aberglauben?
Leider handelt es sich um eine Wahrheit, die katastrophal wirken kann. Ein gedanklicher Bannstrahl hat eine sehr starke Wirkung, wenn wirklicher Hass dahinter steht. Es ist schwarze Magie! Aber der Mensch hat die Möglichkeit, dagegen anzukämpfen, indem er Gott um Schutz bittet und dass Er Seine himmlischen Heerscharen ausschicken soll, damit sie die Macht des Bösen und den Fluch abwehren können. Auf diesen Gedanken kommen die wenigsten. Der Schutzpatron kann sich helfend einschalten. Doch Hass ist immer ein Bumerang für denjenigen, der ihn ausstrahlt. Auch die großen Kriege entstehen aus Hass. Es kommt hauptsächlich darauf an, was gedacht wird.

Wenn man gedankenlos jemanden verwünscht, wie es ab und zu mal beim Autofahren etc. vorkommt, was haftet diesem Menschen durch die Gedanken an?
Es kommt nicht auf die Worte an, sondern auf das, was gedacht wird, während ein solcher Satz ausgesprochen wird. Trotzdem ist ein solcher Ausspruch schädlich vom ethischen wie vom religiösen Sinne gesehen. Ihr wisst, es gibt positive und negative Gedanken. Steckt hinter dem Gedanken ein starkes Wollen oder sogar ein Hass, wie es oft bei den negativen Gedanken ist, so sind die Auswirkungen solcher Gedanken katastrophal.

In den Briefen, die uns erreichen, wird manchmal mitgeteilt, dass Menschen sehr gute Gedanken haben, die leider im Schreibtisch liegen und verschimmeln, weil sie nicht veröffentlicht werden können. Ist dieses wertvolle Gedankengut nun verloren?
In gewissem Sinne ja, materiell gesehen. Doch wiederum nicht, weil die Gedanken, das Wissen, welches aus ihnen spricht, lautlos in den Kosmos eingehen. Diese Gedanken und Worte werden von unsichtbaren wissbegierigen Seelen aufgenommen. Diese Seelen können irgendwann dieses Wissen einem anderen Menschen inspirieren. Auf diese Weise werden manchmal Erfindungen und Entdeckungen parallel auf verschiedenen Erdteilen gemacht.

Welche Macht ist stärker, die Macht der Sterne oder die Kraft der Gedanken?
Die Macht der Gedanken ist die stärkste Macht, die dem Menschen zur Verfügung steht. Aber auch die Gestirne üben eine Macht auf den Menschen aus. Der Mensch darf jedoch nicht der Ansicht sein, dass ihm keine Verantwortung obliegt, weil die Sterne angeblich sein Schicksal beeinflussen. Der Mensch schafft sich sein eigenes Schicksal und kann es beherrschen. Wenn er jedoch außerstande ist, seine auferlegten Prüfungen zu ändern, so ist es eine Fügung. Die Sterne beeinflussen hauptsächlich die Mentalität und den Charakter. Mit diesen Einflüssen positiv fertig zu werden, ist die Aufgabe eines jeden Menschen.

Hängt hiermit die gewaltige Leistung im Altertum zusammen? Das Altertum bewältigte große Bauunternehmen mit primitiven Mitteln.
Ja, diese Menschen verstanden kollektiv zu denken. Es kam darauf an, ihre Gedanken auf eine einzige Frequenz zu bringen. Wenn hundert Menschen auf einer Frequenz denken, können sie die Schwerkraft aufheben.

Du sprachst öfters von Beeinflussung. Beeinflussen kann ich auch ohne Worte.

Ja, nur durch die Kraft der Gedanken, oder durch eine Gestik, oder durch einen Augenkontakt. Es gibt tausende von Möglichkeiten eine Beeinflussung vorzunehmen. Es ist dabei aber wichtig, einen klaren Geist und ein klares, reines Gefühl zu haben. Ist die Beeinflussung im göttlichen Sinn? Wenn ja, dann kommt das nächste Problem. Selbst wenn die Schwingungen ankommen, sei es gedanklich oder nur durch einen Augenkontakt, wie weit lässt derjenige die Beeinflussung oder die Impulse zu?

Telepathie und Gedankenübertragung

Streng kontrollierte Versuche haben bewiesen, dass es eine Gedankenübertragung von Mensch zu Mensch gibt. Warum geht man nicht einen Schritt weiter und gibt zu, dass es eine Seele gibt, die unsterblich ist?

Es stimmt, dass die Wissenschaft die Telepathie anerkannt hat. Was die Unsterblichkeit der Seele anbetrifft, so stehen staatliche Interessen dieser Tatsache entgegen. Zwar müsste sich jeder vernünftige Mensch sagen, dass es keine Telepathie geben kann, wenn das Bewusstsein nur im Gehirn vorhanden ist. Die Telepathie ist der beste Beweis für die Tatsache, dass das Bewusstsein des Menschen nicht an die Materie gebunden ist. Selbst berühmte Wissenschaftler können mitunter nicht konsequent weiterdenken. Sie sind in ihrem Wissen nur in einem bestimmten Bereich kompetent. Übrigens gibt es nicht nur eine Telepathie zwischen Mensch und Mensch, sondern auch eine Telepathie zwischen Tier und Mensch. Außerdem gibt es eine Gedankenübertragung von jenseitigen Seelen. Es gibt sogar eine direkte Willensübertragung, die zur Besessenheit führen kann. In den nächsten Jahren wird man das alles so erforscht haben, dass es keine Unwissenheit und Zweifel in dieser Hinsicht geben wird. Damit kommt die Menschheit dann in ein Zeitalter, das die ganze Welt verändern wird. Wenn man dann die Wege der geistigen Erkenntnis beschreiten wird, wird wahrscheinlich die brachliegende Hälfte des menschlichen Gehirns aktiviert werden. Zurzeit ist der Mensch noch nicht voll entwickelt. Im Gegenteil, er hat der Entwicklung entgegen gewirkt. Große Laster, wie zum Beispiel das Rauchen, haben sich nicht nur körperlich ausgewirkt, sondern auch geistigen Schaden angerichtet.

Viele Menschen empfangen heute telepathische Botschaften, die von Menschen anderer Sterne herrühren sollen. Stimmt dies?
Ja, das kann schon sein, aber oft sind solche Behauptungen Einbildung.
Die Wissenschaft hat die Telepathie von Mensch zu Mensch über alle Strecken der Erde anerkannt. Folglich ist die Begriffssendung kosmisch. Der Gedanke eilt durch das All. Ebenso kann natürlich auch jeder andere Gedanke durch das All eilen. Die Hauptsache ist, dass er vom Bewusstsein ausgeht. Auch Gott oder eine jenseitige Seele hat ein Bewusstsein und ein Denkvermögen. Es gibt aber auch eine Telepathie von Tier zu Mensch und umgekehrt. Zwischen Mensch und Hund oder zwischen Pferd und einem Menschen kann es gute telepathische Verbindungen geben. Bei allen Prüfungen, denen sich die Blindenhunde unterziehen müssen, sollte auch auf die Tatsache einer möglichen Telepathie Rücksicht genommen werden. Es ist deshalb angebracht, Führerhunde sofort an ihren Schützling zu gewöhnen, damit die telepathische Frequenz stimmt.

Ist die Telepathie zwischen Tier und Mensch stärker als zwischen Mensch zu Mensch?
Sie ist zwischen Mensch und Tier viel stärker, weil Tiere medialer sind. Ein Tier wird den Menschen natürlich viel leichter verstehen als umgekehrt. Oft wird eine solche Telepathie als Instinkt bezeichnet.

Im Laufe der Zeiten hat sich die Menschheit immer mehr von der Telepathie entfernt. Ist diese Tatsache ein Verlust?
Nein, es ist kein Verlust, denn durch die Telepathie sind schon viele Irrtümer in die Welt gesetzt worden. Die Telepathie gibt keine Garantie für die Wahrheit. Ich halte auch nichts von telepathischen Versuchen, denn die Gefahr ist viel größer als der Gewinn.

Wie kommt es jedoch, dass die Santiner die Telepathie benutzen?
Die Santiner haben eine ganz andere Entwicklungsstufe erreicht, so dass ein Missbrauch ausgeschlossen ist. Um einen solchen Grad der Entwicklung zu erreichen, bedarf es noch vieler Arbeit hier auf Erden. Die Erdenmenschen haben noch viel zu negative Gedanken.

Wir nehmen an, dass dadurch die auf Erden lebenden Menschen nicht feststellen können, wenn sie von der geistigen Seite aus angesprochen werden. Sie sind stets der Meinung, dass es sich um ihre eigenen Gedanken handelt. Ist es so?
Das ist richtig. Viele sagen dazu: „Mein Gewissen spricht zu mir.“ Aber in vielen Fällen sind wir das Gewissen.

Kann man einen Kontakt zwischen einem Verstorbenen und einem Lebenden begünstigen?
Das hängt von gewissen Voraussetzungen ab. Ihr lebt in einer materiellen Welt und denkt dadurch selbstverständlich materiell. Doch der Geist im Menschen ist unkörperlich. Sein Ursprung liegt nicht im Besitz oder in Vermögenswerten. Ihr seid in Wirklichkeit nicht ‚Stoff‘, sondern nur euer fleischlicher, vergänglicher Körper ist es. Ihr seid und bleibt im inneren Wesen immer Geist, ob lebend oder tot. Dieser Geist wechselt von einem Körper zum anderen. Wo aber Harmonie besteht, da können Kontakte zwischen einem inkarnierten und einem jenseitigen Geist stattfinden. Das gab es auch zum Beispiel zwischen Karl May und einem bedeutenden Indianer, der ihn inspirierte.

Wie wird der Gedanke in Vibrationen versetzt?
Durch den Willen. Der eigene Wille gehört zur Seele, nicht zum Gehirn. Die Seele schickt einen Impuls aus. Dadurch wird die im Universum vorhandene Gedankenenergie in Schwingung versetzt. Ich weiß, es ist sehr schwer für euch, das alles richtig zu

begreifen. Bei allen auf der Erde existierenden Schwingungen nimmt die Energie bei zunehmender Entfernung ab. Das ist bei den Gedankenschwingungen umgekehrt. Sie nehmen bei jeder Entfernung zu, das heißt, sie schwingen sich auf. Das ist nur möglich, weil sich die Gedankensubstanz über das ganze Universum erstreckt. So bekommt ihr sofort mit der Erinnerung Kontakt, die nicht in euch, sondern im Universum aufbewahrt ist. Ihr peilt sie an und augenblicklich ist der Gedanke mit der Erinnerung da. Eine Zeit gibt es dafür nicht. Der Wille ist die Antriebsenergie. Der Wille ist euer Ichbewusstsein. Ihr denkt in Begriffen, Worten und Bildern und das alles befindet sich im All. Darum ist das Bewusstsein unsterblich. Nur das Peilvermögen des Gehirns kann ausgelöscht werden. Doch die Seele kommt, wenn vom Körper gelöst, auch ohne das Peilvermögen des Gehirns aus. Euer ganzes Bewusstsein liegt also im All auf einer individuellen Frequenz. Daran könnt ihr ermessen, wie wichtig der Mensch ist, denn er ist der Schlüssel zu diesem unsterblichen Erinnerungsvorrat im Universum und somit hängt auch seine Unsterblichkeit damit zusammen. Mit dem Tod des Körpers wird dieser Vorrat niemals ausgelöscht und er steht weiterhin der Seele zur Verfügung, die ihn dann auch jederzeit anpeilen kann.

Du hattest mal gesagt, dass ihr im geistigen Reich eine Sinneswahrnehmung zusätzlich habt. Ist damit gemeint, dass es euch möglich ist, die diesseitige und die jenseitige Welt zu sehen?
Ja. Wir können in eure Gedanken hinein. Wir können in eure Seele hineinschauen. Ihr seid für uns ein offenes Buch. Und diese Möglichkeit habt ihr im Körper nicht. Ihr könnt wohl erahnen oder durch mediale Fähigkeiten erspüren oder ersehen. Wer sich im positiven geistigen Reich aufhält, kann dies. Oder erarbeitet sich diese Möglichkeiten, diese Feinempfindungen durch das Wandern durch die Sphären. Es ist natürlich nicht sofort nach dem Ablösen des Körpers möglich, wenn der Körper stirbt und die Seele sich löst. Doch nach einer gewissen Zeit,

wenn die Rückerinnerungen einkehren und die Seele sich im geistigen Reich zu Recht gefunden hat, so ist dieses dann möglich. Genauso ist es ja mit der Sprache: wir brauchen kein Sprachorgan. Es geht anhand der Telepathie, dass wir uns unterhalten können. Ich kann mich jetzt auch mit den anderen Lichtboten und Lichtträgern unterhalten und gleichzeitig mit euch hier sprechen.

Das Wissen hängt doch oft von der Unterweisung anderer ab. Aus welcher Quelle im Jenseits schöpft ihr euer Wissen?
Aus der Sphäre des göttlichen Seins und aus der Organisation Gottes. Wir müssen auch laufend eine Schulung durchgehen. Auf alle Fälle vermeiden wir jeden Irrtum und jede Unklarheit. Fehler können nur durch eine plötzliche Änderung der Situation entstehen, die wir aber möglichst bald berichtigen.

Jetzt mal andersherum gefragt. Wir wissen, dass wir oft Fehler machen. Ist es möglich, uns vorher zu warnen, wenn wir geneigt sind einen Fehler zu machen?
Das dürfen wir nicht, denn das wäre eine Beschränkung der persönlichen Freiheit. Die Freiheit der Person darf nicht eingeschränkt oder angetastet werden. Bei der Geist-Telepathie ist das anders. Wenn der Mensch aus dem Jenseits heraus inspiriert wird, besteht allerdings die Möglichkeit, dass die persönliche Freiheit des Menschen angetastet wird. Aber das ist gefährlich, weil diese Inspirationen auch von niederen Geistern erfolgen können.

Inspiration

Das Wort ‚Inspiration' wird sehr häufig gebraucht, aber der Begriff scheint nicht mehr zu stimmen. Ein Einfall muss doch noch keine Inspiration sein. Wir glauben, aus euren Belehrungen heraus, dass eine Inspiration eine Zusammenarbeit zwischen einem Diesseitigen und einem Jenseitigen ist. Was könnt ihr uns darüber sagen?

Der Begriff der Inspiration ist in den letzten Jahren immer mehr verändert worden. Während in früheren Zeiten die Inspiration als geistige Einwirkung von außen her betrachtet wurde, ist es heute ganz anders, nämlich eine Einwirkung eines Geistes auf die Umwelt. Ein Künstler sagt zum Beispiel: „Ich bin inspiriert." Dabei meint er, dass er sich besonders begabt fühlt oder dass er sich in einer gehobenen Stimmung befindet, die ihm eine ganz besondere Arbeit ermöglicht. Er ist einfallsreich und hat neue Ideen und Vorstellungen. Man kann diese Einfälle nicht als Inspiration betrachten, da ihnen jedes Merkmal fehlt, dass der Künstler von der geistigen Welt als ‚Werkzeug', das heißt, als spirituelles Medium benutzt wurde. Nehmen wir zum Beispiel die Arbeit eines inspirierten Schriftstellers unter die Lupe der geistigen Betrachtung. Der Schriftsteller versenkt sich in ein bestimmtes Thema. Er beginnt mit einer gewissen Konzentration und weiß ungefähr den Verlauf seiner Arbeit. Doch mitten in dieser Arbeit wird er ganz plötzlich hellauf begeistert. Er kommt in eine Art Arbeitsekstase. Ganz plötzlich kommt er zu neuen Erkenntnissen, die sein ganzes vorgefasstes Thema verändern. Er wirft seine Ideen beiseite und folgt gewissen Einfällen, über die er vorher nicht nachgedacht hatte. Die Zeilen fliegen ihm zu. Nun arbeitet er in einem noch nie erlebten Tempo. Auf diese Weise kommen große Werke in einem Guss zustande. Das ist Inspiration! Die Reiseromane von Karl May wurden ihm inspiriert. Er wusste das sehr genau und hat in seiner Autobiographie darüber berichtet. Aber leider hat man ihn nicht verstanden!

Wie ist der Vorgang der Inspiration?
Inspiration heißt „ins innere Ohr geflüstert“. Der Inspirierte spürt die höhere Kraft und Intelligenz und weiß in dem Augenblick, dass er geführt wird. Er lässt seinen eigenen Willen fallen und verlässt sich ganz auf den fremden Einfluss, der ihm hilft. Es kostet ihn keine eigene Kraft. Nur das Vertrauen muss er besitzen.

Gibt es für uns eine Möglichkeit zu erkennen, wann wir inspiriert werden und wann wir eigene Überlegungen haben?
Alle Kommunikationen aus dem geistigen Reich zeichnen sich durch höhere Geschwindigkeiten aus. Da die Jenseitigen nicht über das Gehirn denken, so fällt eine Verzögerung weg. Aus diesem Grunde ist auch die Medialschrift sehr schnell, ebenso die Sprechweise bei Volltrance. Die Inspiration erfolgt ebenso in einem schnellen Tempo. Am besten und sichersten sind die Blitzgedanken, sie gehören zur Schnell-Inspiration. Die Gedanken sind viel schneller als das Licht. Es ist euch bekannt, dass ein positiver Komponist eine ganze Oper in wenigen Tagen niedergeschrieben hat. Hier handelt es sich um eine Inspiration aus dem geistigen Reich. Komponisten wie Beethoven, Mozart und Haydn wussten, dass sie inspiriert wurden.

Ein Genie kann doch durch eine gute Inspiration entstehen. Ein Jenseitiger kann doch das Genie sein, der sich eines Menschen bedient?
Es ist immer das Genie, das aus sich selbst heraus schafft. Aber ein Genie kann jenseitig unterstützt werden. Das ist dann die Inspiration.

Sie wussten also genau, dass sie jenseitig unterstützt werden?
Ja, unbedingt. Aber man glaubt ihnen nicht. Haydn hat behauptet, dass seine Werke nicht von ihm seien. Solche Fälle gibt es noch mehr. Es gibt eine unbewusste und eine bewusste Inspiration. Außerdem gibt es noch das verbale Diktat, das heißt, es wird geistig alles bis auf die Silbe genau ausgesprochen. Es gibt Genies, die ganz plötzlich einer Eingebung folgen. Das sind inspirierte Genies. Aber es gibt auch Genies, die selber denken und sich geistig anstrengen, bis sie systematisch zu dem gelangen, was sie sich selber wünschten. Das sind eigene Genies aus eigenem Können. Irdische Genies inspirieren, wenn sie wieder im Jenseits sind, wiederum irdische Menschen, von denen man sagt, dass sie Genies sind. Doch jedes Genie auf Erden muss eine Voraussetzung dafür haben, nämlich ein gutes Gehirn. Es spricht sehr für den Charakter eines Menschen, wenn er zugibt, dass er inspiriert worden ist. Das Wort Inspiration wird leider falsch gedeutet. Inspiration ist keine eigene Gedankenarbeit, kein Produkt des eigenen Geistes, sondern eine von außen einwirkende Telepathie durch einen jenseitigen Geist. Inspiration darf nicht in Größenwahn ausarten, sie muss bescheiden bleiben.

Man sagt, dass man auf seine innere Stimme hören soll. Woran erkennt man, dass es sich tatsächlich um die innere Stimme handelt und nicht um eigene Gedanken?
Das eigene Denken ist ein gewolltes Denken, also ein Überlegen. Die innere Stimme ist ein ungewolltes Denken, das sich spontan einschaltet und das gewollte Denken übertönt.

Gibt es noch andere Erkennungsmerkmale für echte Inspirationen?
Ja, wenn es sich bei den gefassten Gedanken um plötzliche Stiländerungen handelt. Aber auch, wenn sich die Schlussfolgerungen sehr plötzlich einer anderen Logik zuwenden, also ein neues Wissen auftaucht.

Was müssen wir tun, um inspiriert zu werden?
Die Inspiration aus dem positiven geistigen Reich ist sehr stark, sie lässt nichts unversucht. Die Inspiration ist sehr bedeutend und ist sehr zu beachten. Der Mensch kann sich bei einigermaßen gutem Willen positiv leiten lassen, dazu hat er genügend Schutz und unsichtbare Freunde.

Hat die Inspiration etwas mit Telepathie zu tun?
Nein, es ist eine andere Schwingungsgrundlage. Die Telepathie erfolgt von Gehirn zu Gehirn, während die Inspiration von Seele zu Seele geht. Kurze Strecken sind frei für Telepathie. Lange Strecken haben oft viele Hindernisse. Die Telepathie erreicht das innere Ohr. Die Inspiration dagegen die Seele. Inspiration hat nichts mit Telepathie zu tun, es ist aber beides eine mediale Fähigkeit.

Wie weit beeinflusst uns die göttliche Inspiration oder Planung?
Alles, was der Mensch auf Erden schafft, geistig oder materiell, wissenschaftlich oder technisch, geht nach einer geistigen Vorplanung vor sich. Es geschieht nichts von Seiten der Erdenmenschen, das nicht vorgeplant ist. Doch die negative geistige Seite macht auch ihre Pläne und versucht, diese durchzusetzen. Der Erdenmensch hat also die Wahl zwischen guter und böser Inspiration. Alles ist den göttlichen Gesetzen unterworfen. Das Gesetz hört nie auf, ständig schafft Gott neue Gesetze, weil der Fortschritt und der Plan Gottes stets neuer Gesetze bedürfen.

Was bedeutet wahre Inspiration? Was bedeutet Intuition?
Die Wissenschaft bekennt sich zu der Tatsache, dass ohne Inspiration und ohne Intuition ein geniales Können nicht möglich ist. Ich möchte jedoch diese beiden Begriffe etwas auseinander halten. Beide Begriffe sind leider etwas miteinander vermengt, trotzdem sie sehr verschieden sind. Die Inspiration ist kein selbständiges Denken, kein eigener Einfall, der im Schlafe

kommt oder spontan auftritt, kein plötzlicher, unkontrollierter Gedankenblitz. Die Inspiration ist eine übersinnliche Stimme, die aus der geistigen Welt stammt und von der Seele erfasst und verstanden wird. Es ist eine Telepathie zwischen Diesseits und Jenseits. Es ist ein bedeutsames Phänomen. Es handelt sich dabei um eine mit dem inneren Ohr gehörte Stimme, die sich zwischen die Gedanken schaltet. Die Inspiration ist eine absolut erkennbare und schallwellenlose Stimme, die jeden Laut und jede Silbe deutlich ausspricht.

Dagegen ist das Hellhören eine Fähigkeit, sich telepathisch zwischen Diesseitigen und Jenseitigen vollkommen verständlich und verbal zu unterhalten. Die eigene Gedankentätigkeit wird davon nicht beeinträchtigt. Trotzdem findet auf dem Gedankenwege zusätzlich eine gegenseitige Aussprache statt. Der Hellhörer weiß genau, dass er mit Unsichtbaren eine Unterhaltung führt. Es ist die Sprache der Propheten, wie sie Christus und die Bibelpropheten pflegten. Das Hellhören kann aber zu einer gefährlichen Plage werden, wenn der Hellhörer die Kontrolle über diese Verständigung verliert.

Die Inspiration ist nicht gefährlich. Ihre auffallenden Merkmale sind die höheren Erkenntnisse oder die Fremdsprachen, die das hohe Wissen begleiten, besonders das Wissen über Ereignisse und Vorgänge, die sich dem Inspirations-Medium sonst entziehen, dazu die auffällige Belehrung über Dinge, die das Medium selbst nicht erfahren hat und daher nicht in dessen Erinnerung existieren. Dieser Faktor ist der entscheidende und überzeugt das Medium selbst.

Die Intuition ist eine unbewusste, unkontrollierte Stimme, die sich hauptsächlich gefühlsmäßig einschaltet, ohne dass sie dem Hörer als fremde Stimme bewusst wird. Der Intuitive glaubt, selbst den genialen Einfall gehabt zu haben. Der plötzliche Gedankenreichtum, der neue Erkenntnisse enthält, wird als eigenes Produkt empfunden. Dieser letzte Fall wird zumeist mit der Inspiration verwechselt - und darum ist die echte Verbal-

Inspiration in Verruf gekommen. Man hat nämlich die echten Inspirationen deshalb leichtsinniger Weise oft als Fälschung oder als Resultat einer krankhaften Bewusstseinsspaltung angesehen. Inspiration und Intuition darf man nicht in einen Topf werfen. Man darf sie keinesfalls gleichstellen oder verwechseln.
Nun darf man aber nicht vergessen, dass es eine gute und eine böse Geisterwelt gibt. Da aus diesen Bereichen die Inspirationen und auch die Intuitionen erfolgen, gibt es auch gute und böse Beeinflussungen.
Da der Erdenmensch in allen Fällen einen persönlichen Schutzpatron hat, das heißt, eine befreundete Seele, die auch einmal auf Erden inkarniert war, so erfolgt die Inspiration meistens durch Vermittlung des Schutzpatrons.

Der Mensch ist in hohem Masse auf die Inspiration angewiesen. Kann er etwas dazu tun, die notwendige Inspiration zu unterstützen?
Echte Inspiration ist immer die Beteiligung jenseitiger Geistwesen. Doch mit starker Konzentration auf ein Problem ist dabei nichts zu erreichen. Die Inspiration tritt besonders in Erscheinung, wenn der Gedankenprozess labil ist. Inspiration erscheint so nebenbei. Ihr alle werdet schon einmal festgestellt haben, dass ihr euch mit Anstrengung nicht an etwas Bestimmtes erinnern könnt. Schaltet ihr aber diese Anstrengung ab und wendet ihr euch einem anderen Thema zu, so fällt es euch wieder ein. Gedanken sind grandiose Kraftströme, die viel weiter reichen als der stärkste Sender. Je stärker ihr denkt, desto mehr treten Störungen auf, wie bei einer Radiosendung, die übersteuert ist.

Werden junge Leute, die sich für Rockmusik begeistern, von niedriger Seite aus inspiriert?
Hier handelt es sich ganz offensichtlich um Urwaldinstinkte. Diese Geräusche haben nichts mit Harmonie zu tun, sie sind deshalb auch keine Musik. Es ist nicht die Inspiration, sondern es

sind die überreizten Nerven, die dem unerträglichen Rhythmus zum Opfer fallen. Es kann daher nichts Erbauliches oder Positives dabei herauskommen. Wenn man sich bemüht, die Urwaldinstinkte aus dem Menschen herauszuholen, so kann das nur Rückschritt sein. Es ist eine Anlehnung an kannibalische Sitten und Gebräuche, auf die man sich nichts einbilden kann.

Wir stehen ja alle zu einem beträchtlichen Maße unter der Inspiration aus dem Jenseits. Dabei gibt es gute und schlechte Inspirationen. Wichtig für unsere Höherentwicklung ist zweifellos die gute. Lassen sich die Frauen oder die Männer leichter inspirieren?
Die Frauen lassen sich leichter inspirieren, allerdings auf anderen Gebieten. Darum sind sie oft Meister der Intrige. Die Männer sind leichter in der Politik oder in der Technik geistig ansprechbar. Besonders leicht sind Männer zu inspirieren, wenn es sich um vernichtende Waffen gegen die Menschheit handelt. Das Negative ist nicht etwa stärker, aber es wird von den Erdenmenschen leichter aufgenommen.

Kann ein Mörder lieben? Anders gefragt, warum kann er nicht inspiriert werden, den Mord nicht zu begehen?
Das kann man so schnell nicht beantworten. Aus welchem Motiv wurde ein Mord begangen? Man sollte mit in Betracht ziehen, dass ein Mensch von einer Seele aus der negativen Welt besetzt werden kann, um diesen Mord auszuführen. Es kann sein, dass dieser Mörder hinterher gar nicht weiß, was er getan hat. Oder zu dem Zeitpunkt nicht seine eigenen Gedanken ausführen konnte, sondern dass er als Spielball der negativen Welt in Anspruch genommen wurde. Und das trotz alledem hinter diesem etwas Positives stecken könnte, ja. Denn wenn er wieder Herr seiner eigenen Gedanken ist, kann ein Entsetzen in ihm auftreten über das, was er getan hat. Dies sollte mit in Betracht gezogen werden. Die negative Welt benutzt Menschen, die ihre Kanäle

offen haben, und spielt mit ihnen. Sie versuchen, ihre Inspirationen durchzubringen und es kann auch soweit gehen, dass andere Menschen dazu gebracht werden, einen anderen Menschen zu töten. Und so gehen wir dann auch mit diesen Seelen um, wenn sie ins geistige Reich kommen. Wir können genau erkennen, ob diese Seele dies bewusst für sich selber ausgeübt hat oder eben von der negativen Welt zeitweise beeinflusst wurde. Dann gibt es die Möglichkeit, dass eine absolute Besetzung stattfindet und dass die eigene Seele im Körper überhaupt nicht mehr die Möglichkeit bekommt, sich zu entfalten. Die Häuser mit diesen besetzten Menschen sind voll. Es gibt Möglichkeiten, diesen Seelen zu helfen, sie aus dieser Besetzung herauszubekommen. Doch es ist eine immense Verantwortung und eine große Aufgabe für die Menschen, die dies vornehmen wollen. Was ich damit sagen möchte, ist, bedenkt immer wieder und achtet immer wieder, dass Menschen auch negativ inspiriert werden können und im eigentlichen aber positiv sind. Es trügt oft der äußere Schein und das Handeln der Menschen. Doch wenn man in das Innere schaut, so sieht man den positiven Aspekt der Seele.

Muss man an Inspiration glauben, um inspiriert zu werden?
Man muss nicht an die Inspiration glauben. Es lassen sich viele Menschen besser inspirieren, die nichts von der Inspiration wissen.

Ich möchte dies gerne glauben, aber ...
Und ohne aber! Dieses ‚aber' gehört auch nicht in den Wortschatz hinein, dieses ‚aber' sollte man streichen. Oder möglichst selten anwenden. Wenn ich zu einem Gedanken oder einem Impuls stehe und sage: „Ja, ich möchte“, dann sollte man sich darüber Gedanken machen, ob Seele und Geist es wirklich möchten. Wenn da noch ein ‚aber' hinterher kommt, so wirft man sich immer wieder selber zurück. Achtet auf die eigenen Gedanken und denkt daran: Auf jeden, der sich mit dem Positi-

ven auseinandersetzt, ist die negative Welt aufmerksam. Sie sieht genau, womit du dich beschäftigst. Sie wollen dir natürlich Streiche spielen und freuen sich, wenn du da auch noch darauf eingehst. Und wenn du dich ärgern lässt und wenn du dich falsch inspirieren lässt, dann freuen sie sich noch mehr. Und wenn du dich noch mit irgendjemand streitest, dann freuen sie sich ganz besonders.

Was für einen Grund kann das denn haben, wenn man eigentlich weiß, was man zu tun hat, und auch die Inspirationen erkennt, die einem gegeben werden, und trotzdem nicht diesen Weg geht. Ist es dann ausschließlich Beeinflussung von negativer Seite oder gibt es dafür auch andere Gründe?
In der Hauptsache sind dies negative Einflüsse, um die Seele von ihrem eigentlichen Vorhaben abzubringen, wenn dieses einen positiven Hintergrund hat. Aber, es kann aber auch sein, dass im Inneren die Inspiration keine Festigung hat. Das heißt, dass Geist und Seele sich nicht selber einig darüber sind, dieser Inspiration zu folgen. Und dann kommt es darauf an, dort eine Harmonie herzustellen. Und ist dieses nicht gegeben, so wird einer von beiden den Kürzeren ziehen und dieser Inspiration entweder nachgegangen oder nicht nachgegangen.

Erkenntnis erlangt man mit Hilfe der Inspiration, anders ist es für mich nicht möglich.
Ja, mit Hilfe der Inspiration, mit der Zusammenarbeit des Göttlichen.

Ja, natürlich, und lernen beginnt doch, so denke ich mal, vorwiegend durch die Inspiration. Ist das auch richtig?
Lernen beginnt nicht durch die Inspiration. Lernen ist die Inspiration, denn wenn man die Inspiration zulässt, hat man auch den Wunsch, innerlich geäußert zu lernen. Nur wenn der Wunsch von Innen heraus ausgesprochen wird, dann ist die Erkenntnis für

die geistige Welt da. Und wenn diese Signale harmonisieren, kann eine Zusammenarbeit mit dem geistigen Reich beginnen.

Dies könnte man natürlich wieder weiterführen, dieser Wunsch gleichgestellt einem Gebet.
Ja, ein Gebet muss nicht laut ausgesprochen werden, nur Geist und Seele müssen dann in sich harmonisieren und klar darüber sein, was sie beten. Wenn dieses falsche Gebet gesprochen wird, hilft dies nicht. Wichtig ist die Liebe. Innere Wünsche, Empfindungen im Inneren auszusprechen und diese ans Göttliche weiterzuleiten, ja. Denn dann arbeiten schon Schutzpatron, Geistführer, Geistlehrer und geben diese Impulse weiter. Ihr seid keine Marionetten des Göttlichen, nur ihr müsst dies zulassen, dass geholfen werden kann.

Träume

Was sind Träume und woher kommen sie?
Träume kommen ebenso aus dem geistigen Reich, wie es beim Unterbewusstsein der Fall ist. Eure Seele geht im Schlaf ins geistige Reich. Sie wird dort geschult, nimmt Schulungen auf, lässt sich schulen, lässt die Seele baumeln, genießt, entspannt, erfährt Zunkunftsvisionen, erkennt Dinge aus der Vergangenheit. Erlebnisse, Situationen, die für Seele und Geist wichtig sind. Und dann wird im geistigen Reich entschieden, ob dieser Traum, dieses Erleben, dieses Seelenerleben ins Bewusstsein mit hinein genommen werden darf oder nicht.

Haben Träume für den Menschen wirklich eine wichtige Bedeutung?
Ja, sie sind für den Menschen wichtig. Aber die Menschen haben durch die Zivilisation verlernt, den Träumen die wahre Bedeutung zu geben. Die Träume sind teils eine Einmischung in eine andere Bewusstseinsaura, teils die Tätigkeit des eigenen Schlafbewusstseins, teils jenseitige Prüfung und teils prophetische Blicke in die Wirklichkeit. Der persönliche Schutzpatron vermag oft, seinem Schützling im Traum einen Hinweis zu geben. Der Schlafende soll zum Beispiel auf eine Gefahr aufmerksam gemacht werden. Er soll darüber nachdenken. Es kann aber auch symbolisch die Lösung eines Problems inspiriert werden. Da diese Art der Traumtelepathie in Bildern erfolgt, bildet der Schlafende seinen Traum daraus, weil er den Empfindungen folgt, die auf ihn einströmen.

Können alle Menschen im Traum inspiriert werden oder nur Begabte?
Fast alle Menschen können derartig inspiriert werden. Aber die Traumgestaltung hängt von der Intelligenz und auch von der

Phantasie des Träumenden ab. Nicht alle Menschen können ihre Träume deuten.

Gibt es Träume, die ein Geschehen haargenau vorausschauen lassen?
Auch das ist möglich. Aber in solchen Fällen müssen gewisse Voraussetzungen schon vorhanden sein. Ein Schutzgeist kann zum Beispiel viele Dinge sehen oder erfassen, die auf seinen Schützling zukommen. Er weiß dann bereits, was geschehen wird. Nun kann er dem Schlafenden einen Traum vermitteln, der ihn auf das Geschehen hinweist.

Gibt es tatsächlich Warnträume und wie kommen sie zustande?
Jeder Traum ist eine geistige Angelegenheit. Da sich der Schlafende teilweise in einer Astralwelt befindet, so ist es dem Schutzpatron möglich, sich über den Traum verständlich zu machen. Er kann den Schlafenden warnen oder auf gewisse Umstände aufmerksam machen. Aber auch andere Geistwesen können sich über den Traum verständlich machen. In vielen Fällen geht die Erinnerung an einen Traum verloren. Doch bleiben Fragmente unbewusst übrig, die zu gewissen Entscheidungen führen können.

Jeder Mensch soll im Schlaf hin und wieder astrale Erlebnisse haben. Die meisten Menschen können sich jedoch nicht daran erinnern. Woran liegt das?
Auch das soll nicht sein. Die Erinnerungen an Erlebnisse auf der Astralebene werden gelöscht. Sie würden den Menschen im Erdenleben zu sehr belasten. Außerdem ist der Mensch ein großer Zweifler, er käme dann nicht mehr auf das richtige Gleis. Diese Erinnerungen bleiben nur bestehen, wenn sie für den Träumenden von großer Bedeutung sind.

Kannst du uns sagen, was wir tun, wenn wir schlafen?
Jede Nacht lässt du deinen physikalischen Körper hinter dir. Deine Erlebnisse teilen sich in zwei verschiedene Arten: die eine ist belehrend, die andere ist reine Unterhaltung. Die belehrende Seite erzählt dir etwas über die Ausstattung deines geistigen Körpers. Dies geschieht aber meist erst in späteren Jahren, wenn sich der Mensch entwickelt hat. Die unterhaltende Seite lässt dich viele Arten von Tätigkeiten erschauen, damit du sehen kannst, was bei uns vor sich geht. Beispielsweise kann man in Gärten in unserer Welt spazieren gehen.

Warum können wir uns meistens nicht an unsere Träume erinnern?
Das ist eine wissenschaftliche Frage. Jeder Gedanke und jedes Erlebnis wird kosmisch erfasst und aufgezeichnet. Die Seele des Menschen kann die Aufzeichnungen anpeilen und erhält dann ein Echo, das man Erinnerung nennt. Doch bei den Träumen wird das Erlebte und Gedachte nicht oder nur teilweise aufgezeichnet. Man kann daher nicht alles in das Gedächtnis zurückrufen bzw. ablesen. Ein Glas kann nicht den Inhalt eines Kruges ganz erfassen. Aber wenn ihr eure Träume beobachtet, werdet ihr trotzdem wertvolle Fingerzeige erhalten.

Wie können wir ohne Empfindung und Verstand unsere Träume erklären?
Meinst du die Verzerrungen? Diese entstehen nämlich dann, wenn sich das Gehirn zu erinnern versucht. Das Gehirn ist wie eine kleine Tasche. Wenn dein Geist zurückkehrt und die Tasche dessen ganze Erlebnisse aufzunehmen versucht, so ist sie dazu zu klein, was zur Folge hat, dass alles seine Form verliert. Dein Traum ist kein Abbild dessen, was geschah, sondern nur eine schwache Erinnerung daran. Medien, welche besonders auffallen, weil sie einen Direktkontakt haben, sind Menschen, deren

Sinne eine Überreichweite haben, ebenso, wie es Menschen gibt, deren Sinne eine Unterreichweite haben.

Es gibt doch Traumbücher, nach denen man seine Träume deuten kann. Stimmt das?
Ein Träumender kann später im Wachzustand meistens selbst herausfinden, um was es sich handeln kann. Ein Traumbuch nützt ihm wenig, da die Träume individuell sind. Auf das richtige Gefühl kommt es an.

Die heutige Psychologie befasst sich mit den Traumerlebnissen. Durch eine Tiefenpsychologie glaubt man, gewisse Komplexe zu erklären. Was sagst du dazu?
Das ist ein heikles Thema, denn von der Psychologie halten wir nicht viel. Solange die Psychologen nicht an die Existenz einer individuellen Seele glauben und nichts vom Leben nach dem Tode wissen wollen, werden sie nie die Wahrheit erfahren noch praktizieren. Diese Wissenschaft ist ein Irrtum. Erst über alle Erfahrungen im Spiritualismus kann eine wirkliche Psychologie aufgebaut werden. Das Denken des Menschen ist in keinem Falle eine persönliche Sache, denn stets wird der Mensch vom geistigen Reich aus inspiriert, auch wenn diese Einsprechungen als eigene Gedanken auftreten. Inspirationen von eigenen Gedanken zu unterscheiden, ist nur sehr wenigen Menschen möglich.

Darf der Träumende Wunschträume äußern?
Ja, er sollte sie auch äußern, denn diese kommen ja wieder aus der Seele. Ich möchte in meinem Traum mal auf Reisen gehen oder fliegen, ja. Es kommt nur darauf an, dass man wirklich diesen Wunsch auch hat und es nicht als ein Experiment sieht. Denn wir von geistiger Seite überprüfen natürlich erst, wo kommt dieser Wunsch her, vom Geist oder von der Seele. Sollen wir das Ego befriedigen oder die Seele? Dort machen wir schon

Unterschiede, ja. Wir befriedigen gerne die Seele, weil dies für uns wichtig ist. Euer Körper ist sicherlich für uns auch wichtig, aber zweitrangig. Wir sind für die Seelen da, um diesen zu helfen. Der Mensch muss lernen mit seinem Mantel, dem materiellen Körper, umzugehen, dann geht es ihm auch gut. Schädigt er seinen Mantel, so bekommt er Löcher, dies ist nicht gut. Doch wir werden uns immer wieder um die Seele kümmern, um den Mantel kümmert sich der Mensch.

Ist der Mensch oder die Seele im Traum für Inspirationen aus dem geistigen Reich zugänglicher?
Ja, auch für Visionen. Es gibt ja noch das Wort ‚Visionen'. Visionen bedeutet, dass die Seele dem Geist Bilder vorgibt. Das bedeutet, Dinge, die auf den Menschen zukommen und die für seine Seele, für das Empfinden in seinem Körper eine Entscheidung spielen werden oder die als Warnhinweise wichtig sind, in Form von symbolischen Bildern, wie der Mensch momentan in seiner eigenen seelischen Situation vom geistigen Reich gesehen wird. Wenn wir also deine seelische Situation als Vision darstellen würden, so würden wir dir einen Rucksack auf den Rücken schnallen, voll gepackt mit Büchern, die schon herausfallen, die Arme voll und einen Berg vor dir, der für dich so aussieht, als sei er unerreichbar, ja. Die Vision als Bild. Zwar sieht es für dich jetzt so aus, dass du sagen würdest, du bewältigst dies nicht, aber es ist jetzt deine momentane Situation, geh dadurch! Nehme dir Hilfen und Stützbalken und dann geh den Berg hinauf. Dies nur als Beispiel.

Was bedeuten Déjà-vu-Erlebnisse?
Ihr wart alle schon einmal in einer Situation, dass ihr glaubtet, eine Situation, in der ihr euch jetzt gerade befindet, schon einmal durchlebt zu haben. Dies sind Situationen, die herbeigeführt wurden, um der Seele zu helfen. Symbolisch wird dann zu euch

gesagt: „Wenn du dort bist und diese Situation kommt, beginnt für dich eine Prüfung."
Es gibt aber auch Erinnerungen, die aus einem Vorleben kommen können, dass man in Städte kommt, die man noch nicht einmal gesehen hat oder sogar kaum den Namen kennt, aber genau weiß, hier war ich schon einmal. Dies sind Rückerinnerungen der eigenen Seele aus ihrem eigenen mit dem Geist verbundenen Gedächtnis. Hilfestellungen wiederum erfolgen dann vom geistigen Reich.

Computer

Was ist der Unterschied zwischen dem menschlichen Gehirn und einem Computer?

Der Denkprozess des Menschen ist kosmisch und nicht ohne Fehler. Der Mensch ist im Gegensatz zum Computer ein Planer. Die Maschine arbeitet nur technisch-mechanisch, bzw. elektronisch. Sie ersetzt und ergänzt das Denken des Menschen gerade in den Punkten, wo leicht Fehler entstehen können. Die Maschine ist für den Menschen ein enormes Hilfsmittel, aber trotzdem liegt auch darin eine gewisse Gefahr, denn ein einziger Fehler in der Konstruktion oder in einer falschen Programmierung wird vom Computer nicht als Fehler erkannt und unaufhörlich immer wieder begangen. Doch der Mensch ist in dieser Hinsicht überlegen, denn trotz seiner Fehlerhaftigkeit erkennt er, dass ein Fehler vorliegt. Er korrigiert denselben und ist daher der Maschine weit überlegen. Der Mensch denkt voraus, doch die Maschine führt nur aus.

Sage uns noch mehr zum Computer, dem elektronischen Gehirn.

Der Erdenmensch schafft sich Hilfsmittel, mit deren Hilfe er weit über das Maß seiner Fähigkeiten tätig wird. Er wird zum Beispiel durch die Computer zum Supermenschen, denn die Leistung dieser Geräte kann niemals durch einen Menschen erreicht werden. Aber der Computer muss richtig programmiert sein, sonst liefert er Fehlresultate. Auch der Mensch ist eine Art Computer. Er muss sich zu jeder Sekunde für das richtige entscheiden. Um diese enorme Leistung zu vollbringen, muss der Mensch sein ganzes Leben von frühester Kindheit an programmiert werden, damit er diesen Vorrat an Wissen einsetzen kann.
Jede Lebenserfahrung, jedes Wissen wird auf einer individuellen Frequenz umgesetzt und im Kosmos gespeichert. Der Geistesvorrat ist also nicht im Gehirn aufgespeichert, sondern in den universellen Archiven des göttlichen Alls. Eine Art Laserstrahl

tastet diesen Erinnerungsvorrat ab und wählt sich mit der Geschwindigkeit der Gedanken, also viel schneller als das Licht, jene Begriffe aus, die für eine Entscheidung zusammenkomponiert werden. Im Grunde ist dieser Vorgang dem Computer sehr ähnlich.

Sobald der Mensch entkörpert ist, kommt er in einen Zustand des materiellen Todes. Die Materie ist dann tatsächlich der Auflösung unterworfen. Nicht so der Geist, der von dieser Art des Todes nicht betroffen wird. Seine geistigen Funktionen arbeiten unbeeinträchtigt weiter. Damit will ich sagen, dass die so genannte Computertätigkeit nicht aufhört und auch der Erinnerungsvorrat vom Tod nicht berührt wird. Der jenseitige Mensch denkt und folgert genauso weiter, wie er es im inkarnierten Zustand tat. Natürlich kann der Mensch nur mit jenen Wissensvorräten arbeiten, die er selbst geordnet und auf seine individuelle Frequenz gebracht hat. Andere Frequenzen stehen ihm nur durch einen ‚Zufall' zur Verfügung, dann spricht man gewöhnlich von einem Genie oder Wunderkind. Sehr enttäuschend wird es aber, wenn der Mensch falsch programmiert wird. Man kann sich nicht vorstellen, wie vielseitig diese Falschprogrammierung ist. Das beginnt schon im Elternhaus, dann in der Schule, weiter im Umgang mit Menschen und schließlich auf den Universitäten, wie auch überhaupt im ganzen Leben. Mindestens 50 % der gesamten Programmierung ist falsch. Auch die Kirchen beeinflussen die Menschen negativ. Eine falsche Religion, falsche Moral und vieles, vieles mehr gehört zu den falschen Daten, die der Mensch für seine Entscheidungen stapelt, sortiert und für seine individuelle Orientierung zur Verfügung hat. Ein falsch programmierter Computer gibt falsche Resultate bekannt! Ein falsch programmierter Mensch reagiert nicht anders.

Bei dem großartigen Stand der Wissenschaft und der Technik ist es umso bedauerlicher, dass der Mensch so schlecht programmiert wird. Er kann sich deshalb nicht völlig auf sein Wissen verlassen, denn ihm fehlt das, was man als richtige Daten bezeichnet. Aber Gott hat ihm die Logik gegeben. Hier muss dem Menschen das richtige Gefühl sagen, ob er dem ‚Computer-Vorrat' den er sich angeschafft hat, glauben kann oder nicht. Der geringste Zweifel ist ein Signal, das er zu beachten hat. Die Wissenschaft ist verantwortlich für den Fortschritt der Menschheit. Sie ist verpflichtet, die Daten des menschlichen Lebens ständig zu kontrollieren und zu berichtigen. Das wird leider fast gar nicht beachtet. Der Mensch liefert falsche Resultate. Das beweisen die Kriege.

Amerikanische Wissenschaftler machen Versuche mittels Computertechnik, die Intelligenz und das Gedächtnis auf andere Individuen zu übertragen. Man hat Versuche mit Ratten gemacht, die bestimmte Aufgaben zu lösen hatten. Dann hat man die Ratten getötet und eine gewisse Gehirnsubstanz auf andere Ratten übertragen. Nun erwarteten die Wissenschaftler, dass die bestimmten Aufgaben übertragen werden konnten. Was sagt ihr dazu?
Mir sind derartige Experimente bekannt. Ich könnte noch einige Beispiele hinzufügen. Obgleich derartige Dinge durchaus im Bereich menschlicher Möglichkeiten liegen, ist eine bedeutende Möglichkeit ausgeschlossen, nämlich die Übertragung des menschlichen Bewusstseins. Ein Elektronengehirn vermag mehr zu leisten als ein menschliches Gehirn und kann alle möglichen Erinnerungen in sich speichern, die in sekundenschnelle wieder hervorgeholt werden können. Der Computer besitzt dennoch kein Bewusstsein. Alles ist ein elektromagnetischer und mechanischer Vorgang.

Gedankenhygiene

Wie können wir erfolgreich unsere Gedanken kontrollieren und beherrschen, damit wir in Worten und Taten nicht fehlen?
Man soll die Entwicklung dadurch zu verbessern versuchen, dass man sich sowohl mental als auch spirituell schult und dabei lernt, jeden Aspekt des Seins zu überwachen. Das verschafft dann dem höher stehenden Geist die Vorherrschaft, allen Tätigkeiten des Instrumentes, durch das er sich manifestiert, lenken und leiten zu können. Selbstdisziplin durch den Entschluss, dem Geist die Herrschaft zu übertragen, ist der einzig richtige Weg. Dafür gibt es allerdings keine gedruckten Lehrbücher. Nur die Größe der Seele kann das erreichen, wenn sie ihrer angeborenen Stärke erlaubt, die Obhut zu übernehmen. Dies hindert das Gehirn, ein zuchtloser Schüler eines gelenkten Instrumentes zu sein.

Was ist Gedankenmüll?
Gedankenhygiene ist wichtig. Was nutzt es einem Menschen, wenn er darüber nachdenkt, was der andere über ihn denken könnte? Man beginnt zu denken und zu denken und die Gedanken können ganz falsch sein. All dies ist Gedankenmüll. Ihr denkt zuviel. Wenn man sich um Kleinigkeiten Gedanken macht, die es nicht wert sind, darüber nachgedacht zu werden, dann ist dies Gedankenmüll. Obwohl der Mensch trotzdem darüber nachdenkt, wie er das zu denken hat. Also, ich denke jetzt darüber nach, da drüben auf dem Tisch liegt ein Schnipsel Papier. So, jetzt mache ich mir Gedanken darum, ob ich diesen Schnipsel Papier nun wegräumen soll oder nicht. Das ist Gedankenmüll. Ich entscheide kurzfristig ja oder nein. Entweder lasse ich das Papier liegen oder ich räume es weg und die Sache ist erledigt. Es gibt Gedanken, die es nicht wert sind, gedacht zu werden, denn damit überbeansprucht man dann den Geist. Gedankenhygiene ist für den Menschen unerlässlich. Man sollte sich auf die wesentlichen Dinge des irdischen Lebens konzentrie-

ren und nicht auf Kleinigkeiten. Wichtig ist, die Harmonie in seinen eigenen Gedanken zu bewahren. Und alles, was dort nicht hineingehört, an uns, an das geistige Reich abzugeben. Wir wandeln dies dann in positive Energie um.

Kleinigkeiten sind also Gedankenmüll.
Ja, es ist wichtig, und dies sage ich immer und immer wieder, die Gedankenhygiene zu betreiben. Wichtig ist, die Harmonie in euren eigenen Gedanken zu bewahren. Und alles, was dort nicht hineingehört, gebt an das geistige Reich ab. Wir wandeln dieses dann in positive Energie um. Solltet ihr schlechte Erfahrungen machen, seid dankbar. Seid froh, dass ihr sie jetzt gemacht habt und nicht erst viel später, denn dann tritt ja wieder das enttäuschende Bild ein. Und eine Enttäuschung ist das Ende einer Täuschung, ich kann es nur immer wiederholen. Nur, man kann diese Enttäuschungen natürlich auch hervorprovozieren. Durch seine eigenen Gedankenimpulse, die zurechtgelegt werden und die dann noch von außen her, von irgendwelchen Negativgedanken beeinflusst werden und in die falsche Richtung gelegt werden. Dies gibt es viel und gibt es oft. Ihr sollt natürlich nicht gedankenfrei in den Tag hineinleben, sondern zielstrebig euren wichtigen Dingen nachgehen, ebenso euren Beruf ausüben. Genauso im irdischen Dasein, aber auch dem Geistigen einen Platz einräumen. Und nicht verdrängen, weil ihr es nicht kennt oder Angst davor habt. Angst ist etwas Negatives und sollte möglichst nicht in die Seele hineingehen. Es gibt viele Arten von Ängsten: Existenzangst, Angst vor Liebesentzug, Angst vor Träumen, Angst vor dem Leben und sogar Angst vor sich selber. Angst davor, mit Menschen umzugehen, Angst davor auf Menschen zu treffen, Angst davor, die Kontrolle zu verlieren, Angst, einen liebenswerten Menschen zu verlieren. Diese Ängste werden alle vom Geist hervorprovoziert, von der Seele her mitgetragen und nicht bis zum Letztendlichen aufgearbeitet, so dass die Seele, die eigentlich ein Urvertrauen besaß, im irdischen

Leben verängstigt wird und Angst bekommt. Und dies kann sich soweit steigern, dass man den Glauben an das Göttliche verliert. Wobei dem Menschen nicht mehr bewusst ist, wo sein eigentlicher Ursprung liegt, nämlich im göttlichen Sein.
Göttliches Sein bedeutet das vollkommene, positive, harmonische geistige Reich in sich. Also göttlicher Ursprung. Und in seinem eigenen Sein, in seiner eigenen Seele die absolute Vollkommenheit zu sehen und zu haben.

Das hört sich ja wahnsinnig gut an.
Wahnsinnig ist ein schlechter Ausdruck. Er beinhaltet eine Negativtendenz. Wahnsinnig heißt irre oder wirr.
Jeder Negativgedanke, jede Negativemotion öffnet Tore für die negative Welt. Und wenn ihr dort nicht aufpasst und vergesst, diese Tore wieder zu schließen, so kommen noch negative Inspirationen, gesteigerte negative Empfindungen bis hin zum Hass dazu. Es kann ganz schön schnell ausarten.

Denken wir zu viel?
Ganz wichtig ist, auf seine Gedanken zu achten, nicht nur auf die Gedankenhygiene, die alles umfasst, sondern auch zu überlegen, wo sende ich nutzlose Energie hin. Warum soll ich mir darum oder darum Gedanken machen? Zum Beispiel das Gefühl, nicht gesehen zu werden, sich darum Gedanken zu machen, warum dieses Gefühl da ist. Der Mensch hat die Begabung, sich durch seinen Geist als Energieräuber zu entwickeln. Es werden bei den meisten Menschen mehr schlechte Gedanken als gute Gedanken gedacht. Die Aufgabe ist, diese jetzt zu sortieren, auf sich zu achten und selbst zu überprüfen und sich auch zur Konsequenz zu rufen, diese störenden Gedanken wegzuschicken und auf das eigene Gefühl zu hören. Vergesst nicht, dass viel mehr als die Hälfte eurer Gedanken gar nicht von euch stammt, sondern dass dies Einflüsterungen von der negativen geistigen Welt sind.

Um ein Reich des Friedens auf Erden manifestieren zu können, ist es also notwendig und wäre es unsere größte Aufgabe, die menschlichen Gedanken mit den göttlichen Gedanken in Einklang zu bringen?
Ja, das ist es. Der Mensch hat die Fähigkeit, seine Gedanken annähernd auf die Schwingungszahl der göttlichen Kraft zu bringen, jedoch macht er kaum Gebrauch davon. Es ist die göttliche Pflicht jedes einzelnen Menschen.

Wie sieht es für euch aus, wenn eine Seele zurück ins geistige Reich kommt?
In den meisten Fällen hat der Mensch ein völlig verdorbenes Unterbewusstsein. Was sich in diesem geistigen Reservoir angesammelt hat, kann man nicht beschreiben. Sämtliche niedere, vulgäre Ausdrücke, pornographische Vorstellungen, unterdrückte Gemeinheiten, angesammelte Eindrücke von negativen Filmen und Zeitschriften, angestauter Hass, Schadenfreude, scheußliche Worte und vieles, vieles mehr. Das alles ist jetzt völlig freigelegt, weil der Mensch kein Gehirn mehr hat, das ihm als Schutz und Bremse dienen kann.
Um eine höhere Sphäre im geistigen Reich erreichen zu können, muss man auch gepflegt sprechen können, sonst wird man von höheren Intelligenzen gemieden!

Das eigene Gefühl ist also wichtig.
Man darf sein Gefühl nicht unterschätzen, man sollte auch mal seinem Gefühl freien Lauf lassen und sich nur mal nach seinem Gefühl entscheiden. Und mal eine Zeit lang versuchen, abzuschalten. Denn bevor ein Gefühl verwirrt werden kann, was ja im Inneren geschützt ist, was die Seele ist, so ist der Geist, der immer im Austausch mit anderen Menschen ist, mit dem freien Gedanken eher angreifbar und beeinflussbar.

Jeder Gedanke hat demnach eine Energie.
Das Wort ist bei Gott und Gott ist das Wort. Habt ihr schon einmal darüber nachgedacht? Das Wort dient der Verständigung. Es ist zugleich Ausdruck der Gedanken. Es gibt kein Wesen im ganzen Universum, das in dieser Hinsicht den Menschen übertrifft. Die Gedankentätigkeit in Form der Sprache ist eine Gabe Gottes, die dem Menschen geschenkt wurde. Es ist also ein göttliches Geschenk! Mit dieser Gabe von unermesslichem Wert geht die Erdenmenschheit in unglaublich fahrlässiger Weise um. Ganz abgesehen von den Schimpfworten, von dem Wort, das am allermeisten gebraucht wird und das leider schon zum aktuellen Wortschatz des Rundfunks und Fernsehens geworden ist. Ein einziges Wort kann Tod oder Leben für die ganze Menschheit bedeuten. Ein ,Nein' kann einen Menschen um den Verstand bringen. Ein ,Nein' kann Völker verhungern lassen. Ein einziges Wort hat manches Menschenherz zerbrochen. Das sind nur einige Beispiele, von denen es Millionen gibt. Denkt darüber nach. Wenn ein einziges Wort schon derartige Bedeutungen gewinnen kann, um wie viel mehr kommt da in Betracht, wenn ganze Sätze zusammengestellt werden. Noch beachtlicher ist es, wenn diese Sätze durch Schrift oder Druck verewigt werden. Diese Worte, die nicht hätten ausgesprochen werden dürfen, diese unseligen Worte können euch noch nach dem Tode entsetzlich zusetzen. Im Jenseits gibt es Autoren, die nicht zum Seelenfrieden kommen können, weil sie durch ihre niedergeschriebenen Worte auf einem Niveau festgehalten werden, das mit dem Wort ,Hölle' zu bezeichnen ist.
Welch unfassbare Bedeutung liegt in dem einzigen und schlichten Wort ,Liebe'!

Ja, das stimmt, die Bücher überleben uns.
Richtig. Ich möchte euch darüber hinaus noch ein Beispiel geben und zeigen, wie wichtig jedes einzelne Wort ist, das ausgesprochen oder nicht ausgesprochen wird. Ein Mensch hat zum

Beispiel Unrecht getan und er gerät in eine Schuld. Natürlich muss die Schuld gesühnt werden, wenn sie ihm nicht weiter anhaftet. Folglich hat der Mensch die Pflicht, sich bei dem zu entschuldigen, dem er Unrecht getan hat. Aber leider ist die Entschuldigung meistens ein Streitapfel, denn der Mensch will mit seiner Entschuldigung nicht zugeben, dass er im Unrecht ist. Also verzichtet er auf eine Entschuldigung, und läuft lieber mit dem Unrecht und dem schlechten Gewissen umher. Ihr könnt euch aber nicht vorstellen, wie ernst ein solcher Fall ist, und welche furchtbaren Folgen er haben kann. Es können im großen Ausmaß erbitterte Kriege hervorgehen, wie sie noch heute bei euch an der Tagesordnung sind. Man sagt: „Ich will nicht mein Prestige verlieren."

Als Gott, der große Planer, die Welten schuf, hatte Er einen tüchtigen und hochintelligenten Mitarbeiter, einen seiner stärksten Engel zur Seite. Aber dann geschah ein Unrecht. Dieser Engel wurde eigensinnig und richtete sich gegen den großen Plan. Das war das erste Zerwürfnis zwischen Gott und Luzifer. Nun hätte der Engel sein Unrecht einsehen müssen. Er tat es auch, aber leider war er zu eigensinnig, dieses Unrecht zuzugeben. Er entschuldigte sich nicht, sondern sagte Gott den Kampf an. Da Gott darauf nicht reagierte, steigerte der gefallene Engel seine Kampfabsichten und versetzte sich schließlich in Hass. Der Hass nahm zu, weil er sich nicht entschuldigen wollte, denn er fühlte sich im Recht.

Ihr seht, dass von einem einzigen Wort, einem einzigen ‚Entschuldigung' die ganze Existenz des Universums abhing. Denn im geistigen Reich ist das Wort auch die Absicht. Man kann nicht etwas sagen, ohne es auch so zu meinen. Noch ist der Kampf nicht beendet, er hat entsetzliche Ausmaße angenommen. Ich wollte euch damit nur darauf hinweisen, wie schwer die Folgen sind oder sein können, wenn der Eigensinn eine Entschuldigung nicht zulässt!

Wenn jemand ein Unrecht in Worten oder in Taten begangen hat, so muss er sich entschuldigen, wenn er den Frieden und die Harmonie liebt. Wenn er sich nicht entschuldigt, entfacht er damit einen Krieg. Doch wer den Krieg will, bestätigt damit, dass er von neuem ein Unrecht begehen will. Jesus Christus lehrte daher: „Liebet eure Feinde“. Er wollte nicht, dass man zu den Feinden besonders gut sein sollte, aber er meinte damit, dass der Mensch einsichtig sein sollte. Wer aber aus Eigensinn in seinem Unrecht verbleiben will, macht sich automatisch zum Feind, ja, darüber hinaus auch zu seinem eigenen Feind!
Ihr wisst aus Erfahrung, dass der Frieden sofort hergestellt ist, wenn jemand den Mut aufbringt, sich ehrlich zu entschuldigen, denn der Beleidigte ist zum Verzeihen bereit, wenn er sieht, dass der, der ein Unrecht getan hat, zur Entschuldigung bereit ist. Eigentlich ist es kein Mut, der dazu gehört, sondern vielmehr die Vernunft.

Ich möchte meinen Partner ändern, dies geht aber nicht, oder?
Viele Menschen möchten den anderen sofort ändern, dies geht aber wirklich nicht. Aber auch ihr könntet von der negativen Welt versucht werden, beeinflusst zu werden. Ich betone dies extra ganz deutlich: versucht. Lasst dieses nicht zu! Wenn ihr merkt, dass irgendwo negative Gefühle zum Mitmenschen aufkommen, so schickt diese fort. In den Hauptfällen versucht die negative Seite etwas Positives zu zerstören. Das ist ihr Ziel. Sie versucht dann natürlich auch positive, harmonische Beziehungen zu zerstören. Disharmonien hineinzubringen, negative Schwingungen hineinzubringen oder in bestehenden disharmonischen Beziehungen dies noch weiter zu schüren. In eure Gedanken hineinzugehen und euch noch weiterhin negative Gedanken hineinzulegen. Achtet auf eure Gedanken. Behaltet dort eine Reinheit! Geduld ist ganz einfach zu lernen. Jesus Christus hat euch diese Geduld gezeigt in seinem irdischen Dasein, im Umgang mit den Mitmenschen. Gott führt die universelle Geduld

mit euch aus. Er zeigt sie euch immer wieder, denn auch er hat die Geduld mit euch. So habt ihr auch Geduld mit euch selber und mit dem göttlichen und mit euren Mitmenschen. Ihr seid alle Brüder und Schwestern. Dass diese Liebe noch nicht unbedingt in tiefen Zuneigungen gezeigt werden kann, können wir verstehen, doch es ist angenehm zu sehen, wenn Menschen positiv miteinander umgehen und sich gegenseitig respektieren. Und wenn Menschen in euer Leben kommen, die euch nicht angenehm sind, so hinterfragt eure eigenen Gefühle. Sucht nach der Ursache zunächst in euch. Welche Bedeutung hat dieses Zusammentreffen? Was kann ich daraus lernen? Wie kann ich es lernen? Und versucht immer wieder eure Seelen aufleben zu lassen. Gebt ihnen die Möglichkeit sich im Körper voll zu entfalten. Sie wachsen dann über euren eigentlichen Körper hinaus. Scheut euch nicht, Fröhlichkeit auszuleben. Aber auch mal eine Traurigkeit zu zeigen, dann aber auch zu sagen, warum man traurig ist. Denn Traurigkeit ist ein Signal der Seele, um zu zeigen, hier im Inneren zwischen Geist und Seele stimmt etwas nicht. Sucht immer wieder Gesprächspartner und wenn ihr gar nicht zurecht kommt, sucht die Verbindung zu uns, zu mir.

Ich habe öfters Kopfschmerzen. Denke ich zuviel?
Ja. Außerdem bringst du innerlich immer wieder eine Unsicherheit und eine Angst auf, eine Angst, die überhaupt nicht sein muss. Genieße doch einfach dein Leben. Sei glücklich über das, was du hast! Und sei mit dem zufrieden, wie du es hast. Anderen geht es viel, viel schlimmer. Du hast im Grunde genommen so viel. Wo andere Menschen dich darum beneiden. Nur es ist deine eigene, innere Unzufriedenheit. Und deine Angst darum, nicht immer alles genau klar zu wissen. Auf der anderen Seite entsteht dann wieder durch diese Angst und Unsicherheit eine Aggressivität. Eine Aggressivität, die du gar nicht willst, die du aber zulässt! Und die wirkt sich auf negative Gedanken aus. Also lässt du zum Teil die Negative Welt an dich heran. Und dann stehen

wir dazwischen und versuchen, diese wieder abzublocken. Doch du gibst immer noch Stoff hinein. Warum?

Zur Gedankenhygiene gehört auch das Lästern über andere Menschen und deren Schwächen.

Es wird im Leben immer wieder von anderen Menschen versucht, eine Schwäche, die ein anderer hat, für sich auszunutzen. Oder eben auch Schwächen, die dann gesehen werden, um diese noch weiter auszuweiten, um den anderen nur noch mehr zu verletzen. Gerade dann sollte man aufpassen, dass das Negative nicht irgendwo steht und gerade dort dann versucht, etwas zu zerstören, wo es eigentlich gar nichts zu zerstören gibt. Interessant für euch und wichtig für euch ist dabei, auf eine Gedankenhygiene zu achten. Mit den Worten, die man spricht, vorsichtig umzugehen. Schimpfworte möglichst außen vor lassen. Mit all diesen Äußerungen zieht man die Negativität an. Sie steht immer im Hinterhalt und versucht dann, an jene Seele heranzukommen, inspirativ noch etwas zu bewirken und die eigenen negativen Gedanken noch weiter zu schüren. Manche Menschen merken es auch gar nicht, dass sie diese Handhabung vornehmen, um andere Menschen für sich in Anspruch zu nehmen. Genauso ist es mit der Gutmütigkeit. Die Gutmütigkeit hat dann irgendwo ihren Grenzpunkt erreicht.

Welche Gutmütigkeit? Das verstehe ich jetzt nicht.

Ja, wenn Menschen zum Beispiel eine Grundgutmütigkeit, eine seelische Gutmütigkeit besitzen und immer wieder für andere Menschen da sind und etwas tun und machen – ich meine dies jetzt allgemein – sollten sie auch irgendwann mal ‚nein' sagen können und eben mal nicht für diesen Menschen handeln oder nicht etwas für ihn tun. Irgendwann kommt einmal der Zeitpunkt, wo ihr für euch selbst das Recht in Anspruch nehmen und sagen sollt: „Ich tue jetzt mal etwas, das für mich wichtig ist." Diese Gutmütigkeit wird viel von anderen Menschen ausgenutzt und da sollte man ebenfalls darauf achten, dass immer wieder ein Austausch da ist zwischen Geben und Nehmen. Sei es in einer Ehe, sei es in einer Freundschaft, sei es in einer Liebesbeziehung, sei es in einem Verwandtschaftsverhältnis, immer wieder für einen positiven Ausgleich sorgen. Dies ist wichtig, dann geht es auch der eigenen Seele besser.

Ich habe mich in den letzten Wochen mit dem Band 6 der „Medialen Schriften" von Dr. Karl Nowotny beschäftigt. Er sagt an einer Stelle, dass es negative Kräfte sind, die durch schlechte Gedanken angezogen werden. Nun sagt er an einer anderen Stelle, es könne so weit gehen, dass negative Wesenheiten angezogen werden. Was sind negative Kräfte und wie kann sich das steigern, dass es dann negative Wesenheiten werden?
Zum einen können die negativen Kräfte nur inspirativ, als Gedanken kommen. Zum anderen können aber auch negative Wesen angezogen werden.

Was sind das für Kräfte? Wie könnte man sie definieren?
Nun, dies sind Kräfte, die von der negativen Welt auf deine Aura gelegt werden. Erst wird die Aura in Mitleidenschaft gezogen, dann irgendwann werden Körper und Seele erreicht, und dann der Geist. Wenn jetzt ein Mensch – ich sage das jetzt mal ganz bewusst überspitzt – ständig mit Schimpfwörtern um sich wirft und dies regelmäßig wiederholt, so baut er immer mehr negative Kräfte um sich auf und diese Kräfte werden von negativen Wesen ausgestrahlt. Das heißt, je mehr Schimpfwörter und negative Gedanken geäußert werden, umso mehr negative Wesen zieht der eigene Mensch an. Wenn Streitigkeiten entstehen, so könnt ihr davon ausgehen, dass sofort, auch wenn ihr in einem positiven Schutz steht, immer wieder negative Wesen versuchen, diesen Schutz zu durchbrechen, um den Streit noch zu verstärken. Und sie lieben den Streit. Und im Endeffekt sind bei den beiden Streitenden die Gefühle heruntergeklappt.

Was machen dann die negativen Wesen?
Sie stehen in der Ecke und freuen sich! Das ist das, worauf wir immer wieder hinweisen. Wenn es etwas zu klären gibt, immer in Ruhe und Harmonie. Und das eigene Temperament versuchen im Zaum zu halten. Ihr könnt das. Es geht.

Am Montag ist mir dies bei einer Patientin so deutlich aufgefallen, die sehr negativ über sich geredet hat und auch diese Worte gebraucht hat. Und die um sich herum so eine Aura von Negativem hatte, dass ich mir gedacht habe, sie selber kommt da nicht mehr raus, wenn sie es nicht schafft, das gedanklich zu unterbrechen. Rudolf Steiner hat doch mal gesagt: „Jeder Gedanke schafft eine Wesenheit!"
Ja, das stimmt.

Also muss ich praktisch den Patienten noch mehr vermitteln, wie wichtig die Gedankenhygiene ist?
Ja, und jetzt geht es ja in die Tiefe: Wo hat der Mensch diese Gedanken her? Haben sie im Menschen den eigenen Ursprung? Sind sie ihm von Menschen eingeflüstert worden oder stammen sie von der negativen Seite? Stammen sie rein aus dem Kopfdenken oder stammen sie aus dem eigenen seelischen Denken? Oder ist es karmisch bedingt? Das ist wichtig herauszufinden.

Aber Elias, das wird doch ineinander geflochten. Beim Kind zum Beispiel: die intuitiven Gedanken der Eltern, die intuitive Eingebung des geistigen Reiches und die eigenen Gedanken ergeben einen Zopf.
Nein, sie ergeben keinen Zopf.

Dr. Karl Nowotny schreibt in seinem Buch, dass wir Menschen oft nicht in der Lage sind, dies auseinanderzukriegen, das könnte nur die geistige Welt richtig sehen.

Der Mensch ist, wenn er die Gedankenhygiene betreibt, wenn er sie wirklich gelernt hat, wenn er diese geistige Grundstruktur des Wissens besitzt, in der Lage, eine Reinheit zu erreichen.

Wann besitzt er diese Reinheit?
Wenn er sie ausübt, besitzt er sie.

Kann man die Gedankenhygiene beibehalten?
Nein. Diese kommt erst, wenn man erkannt hat, zwischen all den negativen Dingen, die man bisher erlebt hat, trotzdem auf dem positiven Weg zu bleiben. Nur, wenn man sich beeinflussen lässt durch das Negative, durch andere Mitmenschen oder es in seinem Karma liegt, dann ist es natürlich so, dass man durch jeden negativen Gedanken automatisch dem Negativen auch Kraft übermittelt. Umgekehrt, wenn wir sagen: „Helft anderen Menschen, so können wir euch helfen“. Dieser einfache Satz beinhaltet, etwas Positives zu tun, und wir können etwas Positives aus dieser Kraft herausnehmen und wiederum auch etwas tun. Wenn aber negative Gedanken da sind und diese nicht nur gedacht, sondern auch noch ausgesprochen werden, so aktiviert man die negative Seite und gibt denen noch Energie, um noch mehr Einfluss auf Geist und Seele zu nehmen.

Nehmen unsere Gedanken im geistigen Reich gewisse Formen an? Wie lange halten sich diese manifestierten Gedanken?
Ja, sehr schöne und sehr abschreckende. Diese Gedankenformen halten etwa 48 Stunden.
Alle Gedanken haben Formen und Farben und sie begleiten euch. An den Werken lässt sich der Mensch erkennen. Gedanken können Schöpfung sein, doch die folgenden Werke sind Gestaltung. Der wahre Künstler spricht mit Gott und bringt diese Unterredung zum Ausdruck. Doch der negative Künstler verhöhnt Gott und seine Schöpfung. So mancher Künstler kämpft mit Gott und Luzifer und steht somit zwischen den beiden

Mächten. Jedes Genie führt diesen Kampf, daher kommt es, dass man sagt: Genie oder Wahnsinn.

Hat nicht jeder Mensch diesen Kampf zu bestehen?
Jede Seele hat sich darüber Rechenschaft abzulegen und klar zu werden und sich zu entscheiden, ob es Gott gibt oder nicht. Wer diesen Kampf der eigenen Seele gewinnt, der ist gerettet. Alle Menschen sind auf dieser Suche, doch die meisten suchen leider auf der falschen Fährte. Die richtige Fährte ist das Gefühl, die Wahrheit zu suchen und die Lüge zu meiden.

Magus von Strovolos nannte diese Gedankenformen oder Energiefelder ‚Elementale'. Wie groß sind diese?
Es kommt auf den Menschen an. Diese Elementale sind keine Riesenungeheuer, dafür aber sind sie klein und gefährlich.
So habe ich es nun versucht, hier zu erklären. Ihr habt in eurem Inneren die Kraftpotentiale, die in euch ruhen oder die in euch aufgebaut werden können, die ihr verschnürt haltet, aber ihr könnt nicht erkennen, was ein einzelner Gedankenimpuls schon bewirken kann.

Also kann man durch Gedanken geistige Phänomene erzeugen, die einen plagen?
Ja, wie ich gerade gesagt habe, ist dies möglich. Es sind Phantome, die mit dem Erzeuger zusammenhängen. Sie existieren jedoch nur im geistigen Reich. Diese Gebilde können dem Menschen sehr zusetzen. Aber sie sind nicht lange lebensfähig, weil sie durch den Erzeuger gesteuert werden. Sie werden oft zur Schizophrenie gezählt. Ein Schriftsteller, ein Drehbuchautor oder ein Regisseur, der sich nur mit Gangsterstoff und phantastischen Scheußlichkeiten befasst, aber auch Politiker, die nur Kriegsgräuel bevorzugen, schaffen sich lebendige Phantome, von denen sie dann selbst verfolgt werden, so dass sie davon mitunter wahnsinnig werden. Viel schlimmer sind diese Verfolgungen

aber, wenn sie in unser Reich hinüber kommen. Aber auch umgekehrt kann sich der Mensch gute Phantome schaffen, wenn er positiv denkt. Solche Phantome sind dann Kraftquellen, die man sich selbst geschaffen hat, sie gehören mit zur göttlichen Schöpfung.

Was sagt ihr zum Voodookult?
Um etwas Positives zu bewegen, um einen Einfluss auf die Natur oder auf einen Menschen auszuüben, der positiv eingestellt ist, kann ein positiver Gedanke seine Seele in eine ausgewogene Harmonie bringen. Auf der anderen Seite kann ein negativer Gedanke, der entsteht oder der gehegt wird, einen anderen, für den er gedacht ist, sogar töten.
Der Voodookult nimmt diese Form der Energien und Gedanken auf in ein zentrales, kompaktes Energiefeld. Jedoch noch mit Symbolen hinzu. Der Mensch ist in der Lage, Kraft seiner Gedanken, einen anderen Menschen durch negative Gedanken zu töten und dessen sollte er sich bewusst sein. Darum ist die Gedankenhygiene immer wieder wichtig.

In meinen Gedanken ist oft ein Zweifel, ob ich den spirituellen Weg schaffe.
Je sicherer man sich in seinen Gedanken ist und weiß: „Ich bin ein Teil des göttlichen Planes, ich gehöre in diese Welt, ich habe hier meinen Platz, ich bin hier um zu lernen, ich nehme die Situationen so an, wie sie kommen und löse sie nach meinem göttlichen Wissen“, umso weniger kann es problematisch und schwierig sein, denn dann hat man auch den Freiraum geschaffen, Gott in sich leben zu lassen. In jedem Einzelnen ruht ein Teil des Göttlichen. Nur wenn Geist und Seele in Harmonie sind, kann Gott wirken. Wenn der Egoismus und der Materialismus zu groß sind, dann zieht sich auch der göttliche Aspekt zurück. Also: Gott wirken lassen und alle Lebenssituationen so annehmen, wie immer sie auch sind, und nicht in Emotionen handeln.

In Ruhe und Besinnlichkeit, sich den Zeitraum nehmen, über die Situationen in gedanklicher Ruhe nachdenken. Und dann auf die Inspirationen hören, auf sein eigenes Gefühl, und dann für sich die richtigen Entscheidungen treffen, nicht aus einem unbeherrschten Gefühl heraus, weil man sich vielleicht verletzt, ungerecht behandelt oder wie auch immer fühlt. Und ich sage es zum tausendsten Mal: Man darf in all den Lebenssituationen nicht die negative Seite vergessen. Sie ist immer da, aber sie wird immer wieder vergessen. Dass Situationen hervorprovoziert werden, damit es einem schlecht geht. Überall, wo etwas Positives entsteht, ist das Negative da. Auch die Erfahrung sollte gemacht werden, es ist dann vor eurer Inkarnation so bestimmt, so gewollt, diese Erfahrungen zu machen. Um dann sich selber zu sehen: „Wie handle ich dann, wie reagiere ich?“ Und es ist einfach: Ruhe bewahren und sich nicht von irgendwelchen Mitmenschen mitreißen lassen oder beeinflussen lassen. Immer eine Gedankenhygiene ausüben. Und egal, wie schwierig auch Situationen am Anfang aussehen, ihr seid nicht allein. Es sind immer Geistwesen um euch, immer wieder. Sie versuchen, euch zu helfen und zu stützen, aus Traurigkeiten herauszuholen, euch zu motivieren, euch Inspirationen zu geben. Niemand ist allein. Und steht jemand vor schweren Entscheidungen, so sollte er in die Ruhe, in die Stille gehen. In sich selber hineinhören und dann eine Entscheidung treffen, aber dann auch zu ihr stehen. Und selbst wenn es irgendwann herauskommt, dass diese Entscheidung ein Fehler war, dann nehmt es so an. Nur dann habt ihr etwas daraus gelernt. Wir können nicht jedem jede einzelne Entscheidung abnehmen. Doch wir können helfen, führen und begleiten. Und selbst wenn eine Entscheidung völlig falsch war, so würden wir den Menschen niemals fallen lassen. Im Gegenteil. Dann würden wir ihm noch Menschen zuführen und zeigen: „Es sind immer noch Menschen für dich da“.

Ich habe auch in mir das Gefühl, dass ich mehr Klarheit brauche, und ich habe auch das Gefühl, dass ich sie allein nicht erlange. Es sind so viele Dinge in meinem Kopf. Ich denke, es sind auch teilweise gute Ideen oder Impulse, aber es schwirrt alles durcheinander. Ich wäre sehr dankbar, wenn du da noch einmal einen kleinen Hinweis geben könntest, was ich tun kann.
Sortiere deine Gedanken. Setze in deinen eigenen Ideen, in deinen Gedanken Prioritäten. Bei so einem Durcheinander würde ich auch nicht klar kommen! Im Irdischen wie auch im Geistigen ist es immer wieder wichtig, sich Prioritäten zu setzen. Und sich immer wieder die Frage stellen: „Was erwarte ich vom Leben? Was möchte das Leben von mir?" Hinter jedem Leben steht die Göttlichkeit. Egal in welchen Bereichen es ist. Dein Leben ist so, wie es ist. Nur du kannst es verändern. Nur du kannst es verschönern. Nur du kannst es in eine Richtung bringen. Nur, du solltest bei einem Punkt anfangen, du kannst nicht bei zehn Punkten gleichzeitig beginnen, denn dann wird alles nichts, oder?

Stimmt es, dass es Menschen gibt, die infolge mangelnder Übung nicht fähig sind, positiv zu denken?
Gewiss, geistiges Training begünstigt positives Denken. Dieses Training ist fast unbekannt.

Sprache

Du sagtest einmal, man kann die Seele im Menschen auch rein gedanklich ansprechen. Warum braucht man die Sprache überhaupt?

Wenn du die Seele nur in Gedanken ansprichst, so sprichst du ja nur ihre Seele an, was für sie in dem Moment nicht spürbar ist. Die Seele hört dies zwar, aber die Botschaft geht nicht zum Geist über. Wenn ihr es lernt, euch telepathisch zu unterhalten, dann habt ihr das Problem nicht mehr. Es ist für eine Seele, für eine Beziehung, für eine Freundschaft, für alles, wichtig, immer wieder einen Austausch der Gefühle zu haben, nicht nur zu denken oder geistig zu übermitteln. Das reicht nicht. Du sprichst dann immer nur einen Teil an. Um es aber für jeden Teil verständlich zu machen, ist es wichtig, zu sagen: „Ich liebe dich." Damit der Gegenüber es auch hört, damit er es in seinem Geist aufnimmt, und dann öffnet sich das Gefühl, die Seele. Andersherum ist es, die Seele nimmt es auf und versucht, es an den Geist zu übermitteln, der aber in seinen eigenen vertieften Gedanken steckt, und die eigentlichen Gefühle von dir werden blockiert. Wenn der Geist frei ist, kommt das eigene Gefühl der Sicherheit: Ja, er liebt mich. Es kommt immer darauf an, wie die Zusammenarbeit zwischen Seele und Geist ist.

Wir sollten mehr reden.

Ihr wisst gar nicht, welche Bedeutung eure Sprache hat. Jedes Wort ist wichtig. Jedes gesprochene Wort ist wichtig. Und auch wie man dieses Wort übermittelt. Die Stimmbänder sind das Sprachrohr der Seele und des Geistes. Und je nach dem, wie eure Gefühle sind, kommt dies aus euch heraus. Es kann fröhlich, lachend, zornig, wütend sein. Nur ganz wichtig ist, immer zu wissen, wann man wie etwas sagt. Ganz schnell kann ein einzelnes Wort einen Menschen so tief verletzen, dass er für eine lange, lange Zeit gekränkt ist. Oder es kann schon ein Blick sein.

Darum ist es immer wichtig, mit den Worten, mit den Gesten, mit den Augen richtig umzugehen.
Ihr könnt mal ein Experiment vornehmen. Wenn ihr ein Lächeln im Gesicht habt, nicht ein künstliches Lächeln, nein ein wunderschönes Lächeln, ein richtig seelisches, fröhliches Lächeln, und geht dann mal durch die Straßen. Ihr glaubt nicht, wie viele Menschen von euch fasziniert sind. Sie alle sind in ihren Gefühlen eingeschlossen und wagen es kaum, ihre wahren eigenen Gefühle zu zeigen.

Elias, du hast einmal die Worte „sorgsam reden“ gebraucht. Das hat mit ‚Sorge' zu tun, oder sehe ich das verkehrt?
Sorgsam ist zu definieren: vorsichtig, behütend.

Ich habe immer gedacht, das Wort ‚Sorge' sei darin enthalten und ich kann mir nicht vorstellen, dass ihr mit dem so genannten Wort ‚Sorge' zu tun habt.
Wir greifen auf die Wörter zurück, die uns gegeben sind. Was ich im Grunde genommen mit allem ausdrücken möchte, ist in eurem Wortschatz sowieso nicht enthalten. Die Definitionen der Wörter sind aus irdischer und geistiger Sicht nicht immer identisch.

Zum geistigen Fortschritt gehört es doch, dass man sich einer gepflegten Sprache bedient. Wie seht ihr das?
Da irrst du dich, denn was die Sprache betrifft, so ist es sehr schwer. Von Kind auf gelernte Redewendungen und Ausdrücke werden mechanisch ausgesprochen, ohne dass ihr wahrer Sinn erfasst wird. Nun, es dauert noch lange Zeit im Jenseits, selbst in guten Sphären, ehe diese Redewendungen abgelegt sind. Trachtet allesamt danach, euch so auszudrücken, dass schlechte, widersinnige Bezeichnungen dabei unausgesprochen bleiben. Ihr glaubt nicht, wie sehr euch das vorwärts hilft! Und seid heitere Kinder Gottes. Es ist leicht gesagt, möget ihr denken. Aber es ist

Sphären Himmelssphäre, Erde
Kugel
Astronomie

leider so, dass der Mensch sich zu schnell unterkriegen lässt. Darum sage ich euch, ihr steht ja nicht allein da und ihr wollt doch mithelfen, ein neues, besseres Weltbild zu schaffen, oder nicht?

Was verstehst du unter ‚sprachlicher Verdorbenheit'?
Der gesamte Wortschatz geht durch das so genannte Unterbewusstsein. Es ist ein Irrtum, wenn die Wissenschaft annimmt, dass das Unterbewusstsein nur in einem Gehirnteil sitzt. Das Unterbewusstsein ist ein kosmisches Reservoir des Menschen, das allerdings von einem ganz bestimmten Hirnteil in Anspruch genommen wird. Wenn dieses Reservoir mit ordinären, gemeinen und unflätigen Worten und Begriffen angefüllt wird, so ist es total verunreinigt und es gibt kaum eine Möglichkeit, dieses kosmische Erinnerungsreservoir zu säubern. Auch noch nach der Entkörperung schleppt der Mensch diesen Unrat mit sich herum, weil er ja mit diesem Reservoir in Verbindung bleibt. Aber will er damit in einen sauberen Himmel kommen? Dann habt ihr eine falsche Vorstellung von einer höheren Sphäre. Es ist sehr wichtig, dass der Mensch seinen Erinnerungsvorrat möglichst sauber hält. Aber in dieser Hinsicht wird heute sehr viel gefehlt. Man kann sich die größte Mühe geben, ein ordentlicher Mensch zu sein. Das nützt aber nur wenig, wenn die gesamte Erinnerung in Worten und Begriffen verunreinigt ist. Alles kommt immer wieder zum Vorschein! Ihr könnt euch nicht vorstellen, wieviele Seelen darunter zu leiden haben und sie ihr gelebtes Leben verwünschen, weil sie so wenig auf eine gute Sprache geachtet haben. Mit einem Satz gesagt: Auch im Jenseits müsst ihr ‚salonfähig' sein, sonst habt ihr keinen Zutritt zu einer besseren Gesellschaft.

So hat also die Sprache einen Einfluss auf das Leben im geistigen Reich?
Dieser Einfluss ist bedeutender, als ihr ahnt. Mit einer ungebildeten Sprache kann selbst ein gläubiger Mensch nicht in eine höhere Sphäre kommen. Doch wenn das Unterbewusstsein sprachlich verdorben ist, so landet die Seele in einer sehr niedrigen Sphäre, auch wenn gute Anlagen vorhanden sind!

Meditation

Kann Meditation helfen, um die Gedanken in die Ruhe zu bekommen?

Wenn man wirklich an den Punkt gekommen ist, nicht mehr zu denken, dann beginnt die Seele aufzuleben. Aber da dies ein langer Weg ist, ist es immer wichtig, gedankliche Pausen einzulegen. Und wenn dies geschieht, so gibt man seinem Gesamten die Möglichkeit, auch in Meditationen seine eigenen Geistlehrer sehen zu können oder eine Vision zu erhalten oder Bilder vorgeführt zu bekommen. Dies ist alles möglich, nur man muss dem Ganzen auch wiederum die Geduld und die Gelassenheit beipflichten, um dieses leben zu können. Es ist nicht nur so, dass man sagt: „Ich bin Spiritualist." Wenn man es ausspricht, ist man dies lange noch nicht. Nur ein intensives Leben, ein Üben an sich selber, ein Weitergeben an die Mitmenschen, eine Ernsthaftigkeit in sich tragen, führen euch dorthin. Dann werden einem auch von der geistigen Seite aus Aufgaben übertragen. Wichtig ist auf jeden Fall, im spirituellen Leben auch die andere Seite nicht zu vergessen. Es gibt ja die negative Seite und man wird immer wieder angegriffen. Gerade wenn man sich auf dem spirituellen Weg befindet. Denn alles, was auf diesem Planeten an Positivem geschieht, versucht die negative Seite natürlich zu verhindern und zu blockieren. Das bedeutet also für all die Dinge, die man machen möchte – gerade in spiritueller Hinsicht – immer wieder um Schutz zu bitten und um positive geistige Energie und Kraft. Den Tag morgens schon mit einem Schutzgebet beginnen und auch innerhalb des Tages immer wieder mal um Schutz bitten und auch mal für den Schutz danken. Dies könnte man in den Abendstunden machen, wenn man sich zur Ruhe legt und die Seele ins geistige Reich geht. Egal, wie der Tag ausgefallen ist, einfach dem Göttlichen dafür zu danken. Denn somit erreicht man für sich selber eine positive Energie, die man dann entweder im geistigen Reich weiter aufladen kann.

Oder man bekommt die Energie im Tagesgeschehen durch die geistige Welt. Jetzt habe ich aber viele Themen angesprochen, nicht?

Ich habe hier eine Anzeige aus einem Magazin liegen, in der es um Gruppenmeditationen geht. Wir möchten wissen, ob es eine seriöse Anzeige ist und wer dahinter steckt.

Vorsichtig damit! Die Menschen, mit denen ihr meditieren solltet, das heißt, mit denen ihr in Einklang in Gedanken und mit eurer Seele kommen solltet, sollten nicht über irgendwelche Geräte erreicht werden. Auch eine Beeinflussung von Worten, die den Menschen dazu bringen, so auch zu denken, ist ein sektenhaftes Verhalten. Menschen zeitgleich in Meditationen zu bringen heißt, dass diese untereinander in einer vollkommenen, ja fast perfekten Harmonie sein sollten. Ansonsten kann eine positive Auswertung der Schwingungen gar nicht stattfinden. Der Sinn und Zweck, der hinter solchen Aktivitäten steht, ist, Menschen an sich zu binden, sie festzuhalten, sie mit Worten so zu beeinflussen, dass sie ihre eigenen Gefühle im Verborgenen halten. Dies ist nicht der Sinn. Jedem steht es frei nach seinem eigenen Ermessen und seinen Gefühlen zu handeln. Jede Meditation, jede Kraft- und Energiefreigabe wird sowieso aufgenommen. Ob dies nun zeitgleich oder nicht zeitgleich an irgendeinem anderen Tag geschieht, die Schwingung wird positiv umgesetzt. Man sollte sich dort nicht aus irgendeinem emotionalen Gefühl heraus verpflichtet fühlen, zu einer gewissen, bestimmten Zeit zu meditieren. Wir filtern die Energien aus und sie werden von geistiger Seite mit uns gemeinsam umgewandelt. Wenn Aktivitäten bestehen, wenn die Energien auf den Planeten ausgeströmt werden, dann ist es gut und wichtig, in dem Zeitraum eine Bereitschaft zu haben, die Energien durchfließen zu lassen, um sie für die Allgemeinheit und für den Planeten benutzen und leben zu können.

Für mich ist Harmonie sehr wichtig. Ich möchte sie einfach nur haben. Aber wie komme ich dahin?

Versuchen, weniger zu denken. Dies ist schon einmal ganz wichtig. Denn wenn man viel denkt, lässt man die Seele nicht aufleben. Das heißt, in deinem Körper ist die Seele noch ziemlich zurückhaltend. Dies geht auch nicht anders, weil der Geist, das heißt der Kopf, zu viel denkt. Wichtig wäre für dich, Ruhepausen einzulegen im Denken, um der Seele die Möglichkeit geben zu können, zu wachsen. Sich entfalten zu können und all das Gelernte, was dort schon vorhanden ist, auch auszuüben und auf den gesamten Körper ausstrahlen zu lassen. Und wenn dieses geschehen ist, dann wirst du auch alles, was du eigentlich gerne möchtest, tun können. Nur, du musst es auch selber zulassen. Nicht diesen Zwiespalt haben, dass die Seele möchte und der Geist nicht. Es kostet schon eine gewisse Form der Überwindung mal aufhören, zu denken. Dies ist auch für alle anderen wichtig. Seinen Geist auch wirklich einmal ruhig zu stellen, zum Beispiel mit regelmäßigen Meditationen. Aber dann bitte, vor jeder Meditation um göttlichen Schutz bitten. Und wenn man spürt, dass man in den Meditationen zu weit vorwärts geht und unsicher wird, bitte abbrechen. Doch einfach mal anfangen zu meditieren und versuchen, nicht zu denken, auch nicht den Wunsch zu haben, etwas zu sehen. Auch nicht den Wunsch zu haben, aus seinem Körper herauszugehen, sondern wirklich nur zu meditieren und einfach nur Klänge der Musik hören und es dann einmal in sich fließen lassen. Dies kann man üben und trainieren, es funktioniert.

Philosophie

Was ist Philosophie?
Philosophie heißt „Ausleben der Gedanken und Austausch der Gedanken sowie der Gefühle." Dies kann aber nur geschehen, wenn Geist und Seele in Harmonie sind. Und diesen Austausch vorzunehmen heißt, sich mit anderen Menschen zu finden, zu treffen, auszutauschen. Auch viele Geistwesen, die heute hier mit im Raum sind, lernen von euch, von euren Handlungsweisen, von euren Emotionen, von euren Wünschen, von euren Träumen. Sie studieren eure Gefühle und eure Gedanken. Auch dies ist ein Austausch.

Du sprachst früher einmal von einer Philosophie, die du mit deinen Schülern betreibst. Wenn du von Philosophie mit deinen Schülern sprichst, dann muss das ja nach der Inkarnation in diesem Menschen irgendwie, wenn er den Wunsch verspürt, noch einmal aufblühen.
Ja, natürlich blüht dies wieder auf.

In wie weit tritt sie denn sichtbar nach außen ins Leben?
Dies ist unterschiedlich. Es kommt auf die Entscheidung der Seele an, wie weit sie etwas zulässt. Wie weit sie auch zulässt, über Themen zu philosophieren, nicht zu diskutieren. Man sollte Philosophie und Diskussion auseinander halten. Die Philosophie geht in die Tiefe. Die Diskussion ist ein Austausch von Meinungen, die schon einen festen Bestandteil in Geist und Seele haben. Dies ist eine Diskussion, und bei der Philosophie lässt man Geist und Seele frei und nimmt die Worte des anderen in sich auf. Noch bevor man argumentiert, fließt dies erst durch den Körper hindurch, um es nachzufühlen. Man fühlt es nach, und wenn man dann im Inneren spürt, dass man dieses nachvollziehen kann, wie immer es auch ausfällt, geht diese Philosophie weiter, und man gibt seine eigenen Gedankenimpulse wieder an den anderen

weiter. Philosophie ist etwas Schönes. Es bereichert Geist und Seele, nicht wahr?

Ich kenne einige Menschen, die dem Spiritualismus etwas ablehnend gegenüberstehen. Ich gehe mit diesen Menschen sehr, sehr vorsichtig um. Sie gehen aber unbewusst den richtigen Weg. Ihre Einstellung zum Leben, zu den Menschen finde ich sehr positiv, aber es gibt gewisse Dinge, wo die Menschen noch nicht so recht glauben können.

Es sind Seelen, die im Grunde ihres tiefen Seins nicht das zulassen wollen, was sie bereits schon kennen. Es wird verdrängt, weil sich im Laufe ihres irdischen Daseins etwas verdichtet hat. Eine Angst, eine Mauer ist um dieses Wiedererkennen, Wiederfinden aufgebaut. Und nur durch euer langsames Hinführen zu uns wird diese Mauer wieder abgebaut. Und nur dann, erst dann können wir den letzten Schritt vollziehen, indem eine Sitzung erlebt wird. Dies reicht bei den meisten Menschen schon aus. Es wird vieles oft falsch gesehen, weil es über andere, nicht nach den göttlichen Gesetzen arbeitenden Medien falsch wiedergegeben wird. Etwas, das positiv ist, wird ins Lächerliche gezogen. Dadurch werden die Menschen verunsichert und bekommen ein ablehnendes Gefühl.

Es gibt wirklich Menschen, die sich auch in ihrer Gedankenwelt nicht an die göttlichen Gesetzmäßigkeiten halten, dass sie sich in ihren eigenen Gedanken etwas zu Recht legen, was gar nicht sein kann und in Wirklichkeit ganz anders ist. Sie sind davon überzeugt, dass es so ist, weil sie mit niemanden darüber sprechen, also keinen Austausch vornehmen.

Kannst du das näher erläutern?

Ja. Die geistige Welt ist ein großes Zelt voller Philosophie. Der Mensch ist in seiner Gedankenwelt, mit seiner Seele in diesem Zelt eingeschlossen. Eingeschlossen heißt, dass der Mensch den Geist und die Seele nicht wirken lässt, um sich für dieses große

Zelt zu öffnen. Diese Menschen haben festgelegte Gedankensätze, die sie für richtig anerkennen, obwohl sie es nicht sind, aber auch nicht die Möglichkeit wahrnehmen, mit anderen Menschen über ihre eigenen Gedanken in Bezug auf die geistige Welt zu sprechen.

Zum Beispiel Bibelgläubigkeit?
Ja. Das heißt, diese Seelen können nicht in das Zelt der Philosophie hineingehen und sich der Vielfältigkeit und der Schönheit des geistigen Seins öffnen. Im Gegensatz dazu behalten sie ihre fest gemauerten Gedanken und sind davon überzeugt, dass diese richtig sind, und dass es anders gar nicht sein kann.

Es ist dann natürlich schwierig, diese Menschen von einer anderen Wahrheit zu überzeugen.
Natürlich. Es ist für diese Seelen schwierig, denn sie müssen sich hinterher eingestehen, dass sie falsch gedacht haben. Dies ist dann der Moment, wo ein Ego, ein Teil, ein Stück des Egos gebrochen wird. Dies können viele Menschen nicht leiden. Es darf nichts verändert werden, doch es muss verändert werden, sonst kann ein Wachsen nicht erfolgen. Sonst bleibt die Seele im Irdischen in der eingefahrenen Entwicklung stehen und hat vieles dann im geistigen Reich aufzuarbeiten.
Nehmen wir deinen verstorbenen Ehemann. Er wusste von diesen Dingen, einzig schon allein darum, weil du dich damit befasst hast. Doch er hatte seine eingefahrenen Gedanken und glaubte im Inneren, nur so, wie er denkt, kann es sein und so ist es für ihn richtig. Doch dies ist falsch gedacht, und nun hat er im geistigen Reich einiges aufzuarbeiten, um sich den Entwicklungsstand anzueignen, in dem er eigentlich im Irdischen schon hätte sein können. Zusätzlich hätte er nach seinem irdischen Ableben schon in höhere Entwicklungsstufen gehen können.
Genauso ist es bei der Vielfältigkeit der Religion. Sie ist wichtig. Jedes Volk hat seine eigene Religion, nur man sollte auch mal

hineinschauen und auch einiges davon annehmen. In den östlichen Religionen ist es ganz klar, dass es die Reinkarnation gibt, die hier wiederum in den europäischen Bereichen als absolut nicht möglich gesehen wird.
Wer immer wieder in seinen eigenen Gedanken denkt – dies ist der größte Fehler – handelt gegen die göttlichen Gesetzmäßigkeiten. Der Mensch ist dazu geboren und hat dafür inkarniert, um den Austausch der Gedanken und Gefühle zu tätigen. Jede Begegnung mit einem Menschen, den man irgendwann und irgendwo einmal trifft, hat einen Sinn.

Diesseitiges und jenseitiges Denken

Kann man annehmen, dass der Gedanke die absolute Geschwindigkeit im All besitzt?
Bei einem Gedanken kann man von einer Geschwindigkeit nicht mehr reden. Ein Gedanke ist im selben Augenblick an einer sehr weit entfernten Stelle, wo er ursprünglich erzeugt wurde. Es ist ähnlich wie am Anfang des Seins. Gott war im selben Augenblick überall. Eine Blitzgeburt, wie man so sagen kann. Er wurde sich bewusst.

Kannst du uns das noch näher erklären?
Nein, das ist leider unmöglich, denn es ist genauso schwierig, wie den Begriff der Ewigkeit erklären zu wollen. Es geht über jeden menschlichen Begriff. Das Unendliche ist ebenso geheimnisvoll wie Gott selbst.

Unsere Wissenschaft kennt Geschwindigkeitsbegrenzungen. Gibt es im All Geschwindigkeiten, die über unseren Erkenntnissen stehen?
Ja, natürlich. Die Höchstgeschwindigkeit ist gleich Null. Sie kommt bei den Gedanken vor, das heißt ein Gedanke kann von einem Sonnensystem zu einem anderen reisen, ohne Zeitverschiebung. Die Santiner reisen mit ihren Raumschiffen mit Geschwindigkeiten, die ihr für unmöglich haltet.

Könnte man sagen, dass ein Mensch, der viel erlebt, länger lebt?
An der Vielseitigkeit der Erlebnisse gemessen, ja. Aber es gibt Menschen, die zwar viel erleben, aber nur wenig davon bewusst wahrnehmen. Bei einer Raumschifffahrt gibt es einen ‚Zeitlupeneffekt', das heißt, je mehr sich ein Raumschiff der Lichtgeschwindigkeit nähert, desto mehr verschiebt sich das Zeitgefühl. Aus diesem Grunde empfinden die Santiner zeitlich keine großen Entfernungen. Bei diesen hohen Geschwindigkeiten unterliegt

ein Raumschiff ganz anderen Zeitgesetzen. Wir bezeichnen eine Überlichtgeschwindigkeit, wie sie bei den Ufos der Fall ist, als Sprung durch das All.

Also ist wahrscheinlich auch das menschliche Denken sehr unterschiedlich in den verschiedenen Geschwindigkeiten?
Ja. Im Jenseits ist der Denkprozess weniger gestört als im diesseitigen Leben. Daher ist der jenseitige Denkprozess viel schneller und präziser.

Unsere Fragen werden von euch augenblicklich ohne Verzögerung beantwortet. Wie kommt es zu dieser auffallenden Schnelligkeit der Mitteilung? Diese Leistung lässt stets die Echtheit der Kontakte klar erkennen. Das ist auch in anderen Zirkeln dasselbe. Es ist international.
Ihr stellt die Fragen. Doch ehe ihr diese ausdrücken könnt, formen sich in eurem Geist Gedanken. Diese Gedanken sind in eurem Bewusstsein ganz klar. Ihr wisst, was ihr denkt. Aber um diese Gedanken an mich weiterzugeben, müsst ihr Symbole benutzen. Diese Symbole haben eine Bedeutung für diejenigen, die sie verstehen. Ihr nennt diese Symbole Sprache. Die Worte, die ihr benutzt, sind Versuche, eure Gedanken in etwas zu kleiden, das sie verständlicher macht. Die Meisterung eurer Sprache zeigt an, ob ihr eure Gedanken passend oder unverständlich ausgedrückt habt. Aber sogar, wenn ihr die Fähigkeit von Shakespeare besitzen würdet, könntet ihr trotzdem nicht eurem letzten Gedanken Ausdruck verleihen, denn die Gedanken sind unkörperlich, während die Sprache materiell ist. Derjenige, der die Worte hört, hat sie in ihre Gedankenform zurückzuverwandelt, ehe er sie in sein Gedankengut aufnehmen kann. Es ist also ein langer, beschwerlicher Prozess am Werke. Und weil ihr eure Gedanken materialisieren müsst, ist es oft ein Flickwerk, es treten Missverständnisse auf und alles nur, weil die Worte nicht eure wirklichen Gedanken ausdrücken können. Wenn es euch

ohne Einschaltung der Sprache möglich wäre, eure gesamten Gedanken anderen zu übermitteln, wären die meisten Probleme, die euch und eure Erde beunruhigen, aus der Welt geschafft. Es gäbe keine Missverständnisse mehr, alle würden wissen, was wirklich gemeint ist. Die allgewaltige Diplomatie wäre ausgeschaltet, alle unnötigen Zweideutigkeiten würden verschwinden. Unsere Sprache ist die Sprache der Gedanken. Sobald wir die irdischen Gewohnheiten abgelegt haben, verkehren wir miteinander in mentaler Mitteilbarkeit, so dass das Hindernis der Sprache keine Komplikationen hervorruft. Ein Franzose kann sich mit einem Schweden und einem Eskimo, mit einem Italiener und anderen Menschen und Rassen verständigen. Gedanken werden einander zugesandt, nicht Worte, die nur Symbole der Gedanken darstellen. Habe ich das verständlich ausgedrückt?

Worin besteht der Unterschied zwischen diesseitigem und jenseitigem Denken?
In der Art des Denkens besteht ein Unterschied. Im Jenseits ist die geistige Vorstellungskraft viel stärker ausgeprägt.

Kann man seine Gedanken später im geistigen Reich verbergen?
Jeder Mensch besitzt eine Individualität, die so stark abgegrenzt ist, dass sie auch eine eigene Frequenz bildet. Es ist nämlich wie bei Fingerabdrücken. Die geringste Verschiebung ändert die Frequenz. Nun hat man schon öfter vom ‚Buch des Lebens' gesprochen, in dem alles aufgezeichnet wird, was der Mensch im Leben an guten und bösen Taten vollbracht hat. Doch leider wird auch diese absolute Wahrheit als ein Märchen betrachtet. Es ist wirklich so, dass es so eine Art Buch gibt! Wenn das nicht der Fall wäre, könnte sich kein Mensch an irgendetwas erinnern. Das menschliche Bewusstsein würde nicht richtig funktionieren.
Wissenschaftler haben darüber nachgedacht, wie es möglich ist, dass der Mensch so viele Erinnerungen in seinem Gehirn zur Verfügung hat. Das ist aber ein Irrtum, denn dazu ist das Gehirn

nicht ausgestattet. Auch spielt die Größe des Gehirns dabei keine Rolle, die aufgezeichnete Erinnerung richtig zu erfassen. Diese Schwingungen befinden sich allerdings im Kosmos, der genügend Raum dazu hat. Ich möchte sagen, dass der gesamte Erinnerungsvorrat nicht im Kopf ist, sondern sich im Kosmos ‚eingraviert' hat. Das ‚Buch des Lebens' ist wirklich vorhanden - es ist der Kosmos und die Individualität besteht in der Frequenz des Menschen. Jeder hat seinen eigenen Vorrat an Gedanken, Aufzeichnungen und Erlebnissen. Er kann sie jederzeit anpeilen und ins Gedächtnis zurückrufen.

Nun aber gibt es einen merkwürdigen Umstand. Dieser individuelle Erinnerungsvorrat kann von den jenseitigen Geistwesen ebenfalls eingesehen werden, ganz besonders aber vom Schutzpatron, noch besser von einem Lichtboten oder Lichtträger. Damit ist eigentlich alles gesagt. Jeder Mensch kann sich ausmalen, was das bedeutet. Es ist unmöglich, dass der Mensch etwas verbergen kann. Es lässt sich nichts auslöschen, noch unterschlagen.

Hinzu kommt noch, dass die Aufzeichnungen im Kosmos nicht nur ein Leben beinhalten, sondern eine Reihe von Inkarnationen betreffen. Im Erdenleben hat der Mensch gewöhnlich keine Übersicht über seine Gedanken, die mehrere Erdenleben betreffen, ebenso nicht über seine Taten. Erst nach seinem körperlichen Ableben ist er in der Lage, sein Buch des Lebens als ganzes zu lesen - und das bereitet fast immer einen gewaltigen Schock. Der Schock kann so gewaltig sein, dass der Mensch teilweise den Verstand darüber verliert.

Der Kontakt mit uns ist das Wichtigste, was ihr pflegen sollt, denn hier bei uns im geistigen Reich ist die Quelle der Wahrheit und Belehrung. Gott ist die Quelle. Neuoffenbarungen sind mehr wert als verstaubte Dogmen und falsche Ansichten und Deutungen!

Sind in Gott alle Gedanken enthalten?

Ihr sagt, dass Gott allmächtig ist. Aber Gott ist kein Zauberer. Auch Er ist einer gesetzlichen Entwicklung unterstellt. Gott ist ein Autodidakt, ein Selbstlernender, das heißt, alle von Ihm in die Wirksamkeit gerufenen Naturgesetze müssen auch von Ihm selbst respektiert werden! Würde Gott das nicht tun, so würde Er mit Seinem eigenen Verhalten Seine eigenen Naturgesetze wieder außer Kraft setzen. Ein Gesetz hat nur dann seine Gültigkeit, wenn sich auch der Gesetzgeber danach richtet. Demnach ist auch Gott an Raum und Zeit gebunden. Seine Allmächtigkeit ist keine Zauberei, sondern bleibt stets im Rahmen einer vernünftigen Entwicklung.

Es ist sehr traurig, dass eure Theologen noch nicht genügend darüber nachgedacht haben. Wenn ihr zu Gott betet, damit Er euch eine Hilfe gewährt, so glaubt ihr fast alle irrtümlich, dass diese Hilfe schon über Nacht kommen muss. Viele eurer selbst verschuldeten Schwierigkeiten und Nöte sind so kompliziert, dass es einer geraumen Zeit bedarf, um sie zu beheben. Wie oft müssen sehr viele Geistwesen beauftragt werden, solche Vorbereitungen zu treffen. Wie oft müssen viele ansprechbare Menschen inspiriert werden, sich an solchen Hilfen zu beteiligen. Aber ihr stützt euch auf den falschen Glauben, auf eine falsche Vorstellung von der Allmächtigkeit Gottes. Es kommt aber noch hinzu, dass der Mensch seinen freien Willen hat und nicht zu Handlungen gezwungen werden darf. Auch Gott hat Seinen freien Willen, und da das ganze intelligente Leben von Ihm selbst abstammt, muss auch jede Intelligenz - ob gut oder schlecht - ihren eigenen Willen behalten. Aus diesem Grunde haben auch die Dämonen und selbst Luzifer ihren eigenen Willen. Gewiss, Gott könnte den freien Willen aufheben und Er könnte somit auch das Unrecht durch Zwang abschaffen. Aber in diesem Falle würde Gott als Autodidakt, als Sein eigener Gesetzgeber, wiederum Seinen freien Willen, Seinen eigenen

Gesetzen zu gehorchen, aufgeben und sich folgerichtig dem Zwang der Geschehnisse beugen müssen!
Wohlgemerkt, hier zeige ich euch einen Fehler auf, den ihr selbst durch den Missbrauch eures freien Willens begeht. Ihr beugt euch den Geschehnissen. Ihr beugt euch eurer Umwelt. Ihr seid nicht selbständig genug und macht von eurem freien Willen einen falschen Gebrauch. Ihr stellt euch unter den Zwang des Negativen und lasst euch durch das Böse vollkommen beherrschen. Doch ihr könntet bei einem richtigen Gebrauch eures freien Willens bedingt allmächtig sein!
Auch ihr sollt Gott nacheifern und Autodidakt sein, statt auf das Geheule einiger Menschen zu hören, die es den reißenden Wölfen gleich tun. Wer ein Autodidakt, ein Selbstlernender ist, der hört nicht auf scheinheilige Versprechungen von sich wichtig tuenden Menschen und richtet sich nicht nach den Irrtümern angeblich Gelehrter, die nur zu falschen Vorurteilen führen, sondern richtet sich nach seinem eigenen Verstand.
Eifert Gott nach und verlasst euch auf die in euch wohnenden göttlichen Kräfte. Gott hatte nicht einen einzigen Lehrer zur Verfügung, der Ihn hätte beraten und belehren können. Er war auf sich selbst gestellt. Er war ein Selbstlerner, dem nur die eigenen Erfahrungen zur Verfügung standen. Er lernte sehr schnell, weil Er nicht negativ denken konnte! Darum sei auch du ein Autodidakt im göttlichen Suchen und Denken. Gott selbst beweist dir, was du noch werden kannst, wenn du das Gute willst und nicht oberflächlich und negativ denkst. Sobald du aber an der Unsterblichkeit deiner Seele zweifelst, denkst du bereits negativ und gehst zurück.

Bewusstseinsstörungen und Krankheiten des Gehirns

Es gibt doch Fälle, wo das Bewusstsein des Menschen gestört ist. Wie ist das zu erklären?
Das Gehirn ist das Relais. Es dient hauptsächlich der Kontrolle des materiellen Körpers. Es steuert alle materiellen Funktionen und verteilt die Energien. Aber das Gehirn hat auch die Aufgabe bei der Bewusstseinstätigkeit die richtige individuelle Frequenz der Seele einzuhalten. Auf dieser persönlichen Frequenz finden die Peilungen statt. Sie ermöglichen die Individualität der Seele, bzw. des Ichbewusstseins. Genau so, wie ihr die Worte auf einem Tonband aufnehmen könnt, so zeichnet das All eure Gedanken und Bewusstseinsvorgänge auf einer speziellen Frequenz auf, die euch zur Verfügung steht. Bei einer Reinkarnation ändert sich die Frequenz. Aus diesem Grunde fehlt die Möglichkeit der Peilung auf anderen Frequenzen. Unsinnigerweise forscht der Mediziner auf der falschen Fährte, denn das Bewusstsein mit allen Erinnerungen liegt nicht im Gehirn und ist darum auch nicht materieller Natur. Eine Bewusstseinsstörung ist immer ein Versagen der Peilung oder eine Frequenzverschiebung. Jedes Irresein ist ein Versagen der richtigen Gedankenpeilung, eine Unordnung im Peilen und Empfangen der kosmischen Gedankenschwingungen.

Wieso kommt es vor, dass das materielle Gehirn versagt, wenn doch der Geist der eigentliche Urheber des Denkens ist?
Wenn die Materie versagt, so ist der Geist solange behindert, wie er der Materie angegliedert ist. In der Materie befindet sich der Geist in Gefangenschaft, er muss sich nach der Materie richten.

Wie entsteht das Verrücktsein?
Es gibt zwei Möglichkeiten. Verrücktsein kann durch einen Gehirnschaden entstehen. Das Gehirn kann dann die Frequenz der eigenen Gedankenschwingungen nicht mehr kontrollieren. Es

kann aber auch ein fremder Einfluss vorliegen, also Besessenheit. In diesen Fällen nehmen jenseitige Seelen den Kontakt mit einem lebenden Wesen auf. Es kann ein Durcheinander entstehen. Die Gedanken sind ein kosmischer Vorgang. Stellt euch vor, dass ihr vor einem Fernsehschirm sitzt. Bei einer Direktübertragung seht ihr die Geschehnisse unmittelbar vor euren Augen. Aber dennoch seid ihr meilenweit vom Schauplatz des Geschehens entfernt. In einem ähnlichen Verhältnis steht der Gedanke zu eurem Gehirn.

Der Psychiatrie ist bekannt, dass es Patienten gibt, die über einen Gedankenentzug klagen. Stimmt es, dass jenseitige negative Seelen an diesem Gedankenentzug beteiligt sind?
Das kommt vor. Negative Seelen können einen ziemlich starken Einfluss auf die Erdenmenschen ausüben.

Es hat Fälle gegeben, dass ein Mensch noch kurz vor seinem Tod geistig völlig in Aktion war, aber dass man nach seinem Tod ein zerstörtes Gehirn vorgefunden hat. Wie ist das zu erklären?
Wenn ein bestimmter Teil des Gehirns zerstört wird, so kann die Seele über eine andere Leitung des Gehirns arbeiten. Die Wissenschaft ist der Meinung, dass ein anderer Teil des Gehirns die Funktionen vertritt, aber wenn das Gehirn völlig zerstört ist, so ist doch klar, dass die Seele völlig selbständig gearbeitet hat.

Die Mediziner können mittels einer Gehirnoperation, indem sie gewisse Nerven durchschneiden, den Charakter verändern. Aus diesem Grunde nehmen sie an, dass die Seele eine Gehirnfunktion sei. Was kannst du uns nun dazu sagen?
Das ist ein Irrtum, denn das Gehirn ist ein Empfangs- und Senderelais. Man kann einen Fernsehapparat durch Eingriffe so verändern, dass er gewisse Programme nicht mehr empfängt, dafür aber auf seinem Bildschirm völlig neue Bilder entstehen. Deshalb kann man auch nicht behaupten, dass die Sendungen

nicht existieren, weil man mit dem Apparat nicht sehen kann, was man eigentlich sehen müsste.

Kann man die Persönlichkeit eines Menschen grundlegend verändern?
Ja, das wäre durch eine Gehirnoperation möglich. Aber eine derartige Operation ist selbst bei den Santinern sehr gewagt, sie ist gefährlich. Es ist eine Reparatur des Werkzeuges, wenn das Werkzeug nicht in Ordnung ist.

Wie ist es möglich, dass bei Gehirnoperationen auch der Charakter verändert werden kann? Es gibt doch Fälle, wo der Operierte bösartig geworden ist, ja zu einem Mord fähig ist?
So etwas kommt nur ganz selten vor. Aber es kann vorkommen, dass gewisse Gehirnzellen verletzt werden, die den eigentlichen Gedanken in falsche Bahnen bringen. Dann kommt es zu einer Fehlschaltung, die dementsprechende Wirkungen auslösen.

Sind Menschen mit sichtbaren Fehlern geistig behindert?
Eine geistige Behinderung kann nur durch ein schlechtes Relais, bzw. durch ein minderwertiges Gehirn zustande kommen. Andere körperliche Gebrechen werden sehr oft durch eine hohe Intelligenz ausgeglichen.

Könnt ihr uns etwas über Gehirnschäden sagen?
Es gibt unglaublich viele Menschen, welche Schäden dieser Art aufweisen, von denen ihr sagt, sie sind nicht recht bei Sinnen. Doch in den meisten Fällen haben diese Menschen zwar einen kranken Körper, aber dennoch eine gesunde Seele. Doch sie haben einen doppelten Kampf zu bestehen, nämlich ihre Seele und ihren kranken Körper zu behaupten. Durch die kranke Materie wird ihr Geist doppelt in Anspruch genommen. Das greift jedoch die Nerven an, welche die Gehirnfunktionen übernehmen müssen. Die Nerven sind die feinstoffliche Substanz

des Körpers. Aus diesem Grund erkranken die Nerven viel schneller als der grobstoffliche Körper. Das hat aber nichts mit der Seele zu tun, denn diese ist vollkommen selbständig. Es kann jedoch eine kranke Seele einen gesunden Körper haben, ihr könnt es sofort sehen, wenn die Seele krank ist.

Sollen wir daraus entnehmen, dass bei einem Gehirnschwund die Nerven gewisse Gehirnfunktionen übernehmen können?
Ja, das kommt vor. Auch bei Wunderheilungen können gewisse Nerven eine völlig neue Funktion übernehmen, zum Beispiel Sinnestätigkeit.

Besteht die Gefahr, dass bei den Astronauten durch Strahlungen Gehirnschäden auftreten können?
Die Astronauten sind gegen Strahlen geschützt. Der Denkprozess wird also nicht beeinträchtigt. Aber Wasseraufnahme und Sauerstoffentzug können das Gehirn beeinträchtigen.

Ermöglichen die Gehirnschäden eine Besessenheit durch süchtige Seelen?
Es kommt vor, dass süchtige Seelen einen irdischen Körper besitzen möchten und sich in einen solchen einschleichen. Aber nur, wenn sich eine Türe öffnet.

Werden diese geistigen Türen dadurch geöffnet, dass man auch in irgendeiner Form süchtig ist oder eine Manie hat?
Nein, das ist nicht ausschlaggebend. Hauptsächlich geschieht es dadurch, dass man sich gehen, oder treiben lässt. Wenn eine Seele in den Hintergrund tritt, so entsteht ein Platz, den eine andere Seele ausfüllen kann, die dann die Regie übernimmt.

Vor Jahrhunderten wusste man noch sehr genau, was Besessenheit ist, heute weiß man es leider nicht mehr. Elias, was sagst du zur Besessenheit?

Eine Besessenheit ist eine Übernahme eines Körpers über das Gehirn. Eine jenseitige Seele findet die Möglichkeit, die im Körper wohnende Seele zu verdrängen und sich in den Vordergrund zu setzen. Die fremde Seele kann in diesem Falle den Körper zu gewissen Handlungen zwingen.

Gibt es dagegen einen Schutz?
Echten Gottglauben, Demut und einen anständigen Charakter. Wer diese Eigenschaften nicht besitzt, kann besessen werden, ohne dass er es merkt.

Verschiedenes

Sind die Gedanken ortsgebunden?
Im Gegenteil. Sie reichen sehr weit und strahlen in jede Richtung aus. Aber etwas anderes ist ortsgebunden, nämlich das Gefühl. Wenn in einem geschlossenen Raum ein heftiger Streit stattgefunden hat, so sind diese Schwingungen ortsgebunden und reflektieren von den Wänden zurück. So kommt es vor, dass Menschen in diesen Räumen ein unangenehmes, reizbares Gefühl verspüren. Diese negativen Schwingungen klingen ganz allmählich ab. Auch Schmuckstücke können derartige Schwingungsträger sein. Wenn es sich um alte, abgetragene Schmuckstücke handelt, können sie den Charakter des Menschen widerspiegeln. Da kommt es auch vor, dass man sich in Hotelzimmern beeinflusst fühlt, ganz besonders in fremden Betten. Das ist keine Vermutung, sondern eine sehr reale, nachprüfbare Tatsache. Antiquitäten haben schon so manches Unheil heraufbeschworen, besonders wenn es sich um negative, scheußliche Masken handelt. Hier reflektieren Geschehnisse, die sich schon vor vielen Jahren ereignet haben können. Aber es können auch gute Reflektionen sein, die ein angenehmes Gefühl auslösen. Gewisse Schwingungen, die von Menschen ausgehen, können sich in der Materie verankern.

Werden in disharmonischen Situationen der Geist oder die Materie, also die Nerven, stärker beansprucht?
Der Geist kann in der Materie durchaus Haltung bewahren, denn er ist den Anfechtungen nicht so ausgeliefert wie die Nerven. Die Nerven sind die Registratur, über welche der Geist in Funktion tritt. Materie, Nerven und Geist bilden ein Dreigespann, denn sie sind alle miteinander verknüpft und voneinander abhängig. Die Nerven bestehen aus einem Stoff, der weniger zur Materie gehört und mehr zum geistigen Reich. Nervliche Gereiztheit braucht der Materie nicht zu schaden, aber dem Geist. Die Nerven sind die

Schwingungsleiter zum Geist und umgekehrt. Die Nerven sind eine Zwischensubstanz zwischen Geist und Materie. Die Nerven sind bei feinstofflichen Menschen wie Spinnwebfäden und dürfen nicht überfordert werden. Die Materie ist dagegen grobstofflich und ohne Nerven wäre sie völlig unempfindlich. Sie kann deshalb niemals denken, das heißt, selbständig intelligent sein. Eine Intelligenz ist ohne die Kraft Gottes unmöglich. Sie ist ein Tropfen aus dem Ozean Gottes.

Was ist das, was in uns denkt, empfindet und will?
Was empfindet, ist die Seele, das Herz. Was denkt und will, ist die Vernunft, die oft zur Unvernunft wird. Der Wille ist Ausdauer.

In der spirituellen Sicht ist das, was der Mensch schafft, von noch größerer Bedeutung. Es gibt nämlich viele Menschen, die eine sehr wertvolle Arbeit leisten, die aber nicht an die Öffentlichkeit gelangt. So gibt es Schriftsteller und Philosophen, Wissenschaftler und Erfinder, deren geistiges Gut im Schreibtisch liegt und nie zu einer Realisierung gelangt. Es sind Träume von großen Erfindungen und Erkenntnissen, die sich nie im Leben erfüllen - und aus Verzweiflung über diese Tatsache gehen jene Menschen sehr schnell zugrunde. Ist das wirklich so?
Nein! Die Wirklichkeit unter Einbeziehung der geistigen Existenz sieht ganz anders aus. Leider ist diese Wirklichkeit kaum bekannt, aber in ihr schlummern sehr positive Kräfte, die kein Alter kennen. Zunächst bemüht sich ein irdischer Mensch um irgendeine geistige Erleuchtung, um eine Erfindung, einen Einfall, eine Melodie, Formel oder ähnliches. Hier kommt ihm die geistige Welt zu Hilfe und sendet telepathische Richtstrahlen. So entstehen bedeutende Inspirationen in der Gedankenaura des betreffenden Menschen. Wenn es gute Einfälle sind, so ist es leider unvermeidlich, dass diese durch negative Suggestionen aus der niederen geistigen Welt gestört werden. Es liegt am Men-

schen selber, hier die richtige Entscheidung zu treffen, was er schaffen will. Die Arbeit erfolgt dann zumeist in einer Art kollektiven Schaffens zwischen Jenseits und Diesseits. Diese Tatsache bleibt der Welt meistens verborgen. Nur in wenigen Ausnahmen, zum Beispiel bei großen medialen Künstlern und Gelehrten, spürt man das große Wunder, das man Inspiration nennt. In sehr starken Fällen kann ein solches Medium direkt, das heißt, manuell geführt werden. Der Erfolg dieser Höchstleistungen tritt meistens erst nach dem Tode des Mediums ein, oder die Inspiration erfolgt an verschiedenen Orten der Welt parallel zu gleicher Zeit und verblüfft.

Ganz anders sind aber jene Schaffenskräfte, die sich nicht im irdischen Leben realisieren lassen. Hier verbleibt die Kunst oder das Werk in Truhen und Schubladen oder wird irgendwie vernichtet. Der Mensch, der sich ein Leben lang bemühte, verzweifelt, weil er im Unglauben groß geworden ist. Doch nichts ist in der Welt Gottes vergebens. Wenn auch der Erdenplan zurzeit scheinbar keinen Gewinn davon hat, so ist dieses Schaffen dennoch nicht ungeschehen und vergänglich. Die geistige Welt hat mitgearbeitet und diese hat alle zur Kenntnis genommen und jede daran beteiligte Schwingung ist unauslöschbar in das ‚Große Buch' des Universums geschrieben. Hier besteht die Möglichkeit, dass die geistige Welt von diesen Werken profitiert. Aber es gibt auch böse Werke. Doch alles bleibt erhalten. Was ein Mensch auf Erden schuf, kann zur Belehrung der Jenseitswelt dienen, ohne dass es veröffentlicht wurde. Aber jene Werke können durch die Jenseitswelt auch zu jeder früheren oder späteren Zeit an andere Erdenmenschen vermittelt werden. Der Schaffende ist immer ein Schöpfer in der Zusammenarbeit mit der geistigen Welt und nichts ist umsonst geschehen. Jeder Gedanke, jeder Begriff zeichnet sich in den Kosmos ein und gehört zum Allgemeingut der Gesamtschöpfung. Darum wird jeder Mensch einmal seinen guten oder bösen Gedanken und Taten wieder begegnen.

Zerstört der Unglaube das Denken?
Der Unglaube ist nicht allein ein großes Übel dieser Welt, sondern ein Irrtum, der weit über das irdische Leben hinausreicht. Der Unglaube wirkt zerstörend und lähmt zugleich die wertvollen Kräfte, auch das Denken. Einige Menschen mit guter Erkenntnis oder mit guter Intuition wissen ihre Kräfte positiver Art bis ins höchste Alter auszunutzen. Aber die meisten Menschen verlieren ihre guten Kräfte durch den Unglauben, der Ihnen das Leben verbittert. Die Schaffenskraft des Menschen ist erheblichen Schwankungen ausgesetzt, aber im Alter wird diese durch das körperliche Versagen gemindert. Wenn in diesem Stadium auch noch die geistigen Kräfte vernachlässigt werden, dann ist der Verfall von Körper und Geist nicht mehr aufzuhalten und das Ende naht mit Riesenschritten.

Die meisten Menschen haben den Glauben, dass niemand ihre Gedanken kennt und dass auch niemand sieht, was sie tun, wenn sie alleine sind. Das ist doch ein großer Irrtum, oder?
Gewiss, das ist der Fehler ihrer Unwissenheit. Niemand sollte das denken. Niemand ist auch nur eine Sekunde lang wirklich alleine, ganz gleich, wo er sich befindet. Alle Jenseitigen können seine Gedanken lesen. Aber diese Tatsache soll auch jene trösten, dass niemand allein und verlassen ist, auch wenn er von allen Mitmenschen verlassen worden ist oder wenn er sich von niemandem verstanden fühlt. Das trifft besonders für die Selbstmörder zu, die oft an einer Einsamkeit zugrunde gehen. Diese Wahrheit gibt dem Menschen sehr viel Kraft.

Wie kommt es, dass der Geist des Menschen dem Trägheitsgesetz unterliegt, das heißt, dass ein älterer Mensch schwerfälliger denken kann?
Der Geist unterliegt keinesfalls einem Trägheitsgesetz. Er ist nur in seiner Fähigkeit gehemmt, mit dem Gehirnrelais richtig zu arbeiten, daher die Täuschung, dass der Geist nicht richtig

funktioniert. Ein Geist kann richtig denken, aber wenn sein Instrument, das Gehirn, unvollkommen ist, so ist er solange nicht fähig, richtig zu denken, solange er an das unvollkommene Instrument gebunden ist. Der leibliche Körper ist genau genommen eine Empfangsstation samt Superantenne für den Geist. Selbstverständlich arbeitet er auf einer individuellen Frequenz. Gefährlich wird es für den Menschen jedoch, wenn niedere Geister herausbekommen haben, wie sie sich auf die Frequenz eines Menschen genau einstellen können. Dann beginnt die negative Inspiration. Das gelingt ihnen am besten, wenn sie Gleichgesinnte finden, die sowieso eine ähnliche Frequenz des Denkprozesses haben.

Wenn ein Mensch ins Greisenalter kommt, so verlassen ihn oft geistige Kräfte. Er kann sich schlecht an etwas erinnern. Woran liegt das?
Das kommt durch den Abbau der Materie. Das Geistige bleibt trotzdem aufbewahrt. Das geschwächte Gehirn verliert nach und nach den Kontakt zu den geistigen Schwingungen. Die Eigenschaften des Kosmos dürfen nicht mit den Eigenschaften der Materie verwechselt werden oder gleichgestellt werden. Aber in dieser Weise lassen sich die Wissenschaftler leider täuschen. Wenn eine Seele in das geistige Reich kommt, erhält sie alle Sinne und Erinnerungen voll und gesund zurück. Im irdischen Leben ist der Geist von der Materie abhängig, daher kann sich der Geist bei der Benutzung einer kranken Materie nicht voll konzentrieren. Macht nicht den Fehler, ein böses Leiden mit einem Karma in Verbindung zu bringen. Das stimmt nur in den allerwenigsten Fällen. Meistens handelt es sich um ein übles Schicksal, das nicht der Wille Gottes ist. Gott will nicht, dass man ein Karma sieht. Es soll nur durch die betreffende Seele, aber nicht durch deren Körper gespürt werden. Jede Seele hat die Möglichkeit, sich durch Besserung und durch einen festen, guten Willen in das positive Reich einzureihen.

Wenn der Mensch stirbt, so stellt das Gehirn seine Tätigkeit ein. Was geschieht nun?
Wenn ihr im geistigen Reich erwacht, habt ihr das Gefühl, auf einmal allwissend zu sein, denn alle in vielen Vorleben gemachten Erfahrungen stehen euch zur Verfügung, weil die Frequenzen bedeutend erweitert sind, das heißt, sie sind nicht durch ein materielles Gehirn auf eine bestimmte Frequenz beschränkt. Alle Erfahrungen über viele Jahrhunderte, ja, Jahrtausende, strömen nun auf euch ein. Es erscheint euch nun, als hättet ihr das letzte Leben nur geträumt. Ein Traum, in dem ihr alles nur schemenhaft wahrgenommen habt. Und mit einem Male ist alles so klar wie noch nie. So zumindest ist der Effekt, den ihr nach dem Erwachen habt.

Wie beurteilt das geistige Reich den Unterschied zwischen Hand- und Kopfarbeiter?
Ihr dürft keineswegs die Leute dazu ermutigen, dass sie denken, im irdischen Leben wären die Gedanken ein Ersatz für Arbeit oder Tätigkeit. Sie sind nur ein nützliches Hilfsmittel, aber kein Ersatz. Die Ergebnisse der Gedanken müssen durch intensive Arbeit geformt und zu Ende geführt werden. Alles muss nur vom richtigen Gesichtswinkel aus betrachtet werden. Die Gedanken haben einen unbewussten Zweck, weil ihr in eurer begrenzten Entwicklung unfähig seid, ihre Macht zu bändigen. In einer stofflichen Welt haben die Gedanken eine Begrenzung, da der Stoff die Grundlage der Erkenntnis bildet. So muss es auch sein, denn auf der anderen Seite wünsche ich den Wert der Gedanken nicht geschmälert zu sehen oder den Platz zu verrücken, den sie im Plan des Lebens einnehmen. Denen, die gute Gedanken hegen, können sie helfen, was auch um sie herum geschehen mag.

Die Wissenschaft hat bereits Methoden und Apparate, mit denen man Impulse des Gehirns bei einer Gedankentätigkeit messen kann. Was hat es mit diesen Aufzeichnungen auf sich?
Es handelt sich um Erregungsimpulse des Gehirns, während des Sortierens und Kontrollierens der kosmischen Gedankenschwingungen. Die aufgezeichneten Impulse lassen sich jedoch nicht in geistige Schwingungen umwandeln. Sie geben nur Aufschluss über eine erregte oder weniger erregte Gehirntätigkeit.

Vielleicht kannst du uns einiges über den Lügendetektor sagen?
Dieser Detektor zeichnet Impulse auf, die vom Gehirn ausgehen. Tritt eine Verzögerung im Gedankenprozess auf oder eine Erregung im Gedankenprozess ein, aus Angst bei einer Lüge ertappt zu werden, so verändert sich die sonst gleichmäßig verlaufende Kurve. Es handelt sich jedoch um keine Gedankenaufzeichnung. Es ist eine Kontrolle des seelischen Zustandes.

Wie beurteilt ihr den Lügendetektor, wenn er gerichtliche Anwendung findet?
Wir erklären diese Anwendung als nicht ausreichend. Die Angst, als Lügner hingestellt zu werden, lässt die Kurve ansteigen. Das kann aber auch geschehen, wenn man ein schlechtes Gedächtnis hat. Nervöse und unsichere Menschen, die ihre Gedanken nicht richtig kontrollieren können, können ein Opfer des Lügendetektors werden, obgleich sie unschuldig sind. Die Gedanken müssen systematisch geordnet werden. Das ist die Sache der Intelligenz. Ein krankes Gehirn wird damit Schwierigkeiten haben und sich schwer erinnern.

Der Mensch neigt oft zu schlechten Handlungen, denen selbstverständlich viele Überlegungen vorausgehen. Kann man da auch von einem Teil der Göttlichkeit sprechen?
In solchen Fällen handelt es sich um einen Missbrauch der dem Menschen gegebenen Göttlichkeit. Der Mensch benutzt oft seine

hohe Intelligenz zu niederen Machenschaften. Trotzdem hat er seine Intelligenz von Gott bekommen. Er könnte selbstverständlich anders damit umgehen, dann sähe vieles anders aus.

Der Mensch denkt und handelt. Kann aus einem Denken ein Karma entstehen oder nur aus einem Handeln?
Wenn ein Mensch negative Gedanken hat, so wirken diese bereits wie ein Gift und vernichten und vergiften jenen, der sie hat. Die Folgen sind also viel unmittelbarer als bei anderen Fehlern.

Können jenseitige Geistwesen den Willen eines Menschen beeinflussen oder lahm legen?
Das können sie nur, wenn es ihnen gelingt, vom Gehirn des Menschen Besitz zu ergreifen. Das ist dann eine echte Besessenheit. Der Mensch hat seinen von Gott erhaltenen freien Willen. Mit diesem Willen ist das Unterscheidungsvermögen zwischen Recht und Unrecht gekoppelt. Das müssen auch die Gerichte zur Kenntnis nehmen. Es zeigt sich daher immer, wie gut oder wie schlecht jemand ist, das heißt, auf welche geistigen Einflüsse er hört. Aber es gibt einige Fälle, wo derjenige auf keine jenseitige Stimme hört, weder auf die gute noch auf die schlechte. Dann hat das Jenseits keine Macht darüber. Der Mensch hat immer seinen freien Willen, sonst wäre er ja ein Roboter oder eine Marionette!

Wann ist die geistige Beeinflussung am stärksten?
Wenn ein Mensch etwas für ihn Gefährliches unternehmen will oder auch, wenn es für andere Menschen gefährlich werden kann. Aber auch wenn derjenige ein Unrecht vorhat, dann meldet sich eine ‚innere Stimme' die ihn warnt. Aber es kann auch eine niedere Inspiration von bösen Seelen sein, die ihn beeinflussen, einen großen Fehler zu begehen. Das hängt aber ganz vom Charakter des Menschen ab. Doch wenn das Gewissen ruft: „Tu es nicht!", dann ist es die positive geistige Manipulation. Es kann

aber auch sein, dass der Mensch etwas wirklich Großartiges vorhat. Wenn er dann die innere Eingebung hat, die ihm sagt: „Lass das, das können andere auch tun". In diesem Falle handelt es sich dann um eine negative Beeinflussung durch Geistwesen. Das sollte man bedenken. Die Kirchen haben leider keine Ahnung, was alles geschieht. Sie können daher nichts über diese Wahrheiten lehren.

Es gibt Menschen, die glauben, dass sie unter einem Zwang stehen. So zum Beispiel bei der Astrologie. Was sagst du dazu?
Einen solchen Zwang gibt es nicht, denn kein Stern kann jemanden zwingen, in seltenen Fällen höchstens beeinflussen, das heißt, geneigt machen. Wenn aber jemand glaubt, dass er durch den Einfluss der Sterne zu einer solchen Handlung gezwungen wird, dann ist er geistesgestört. In solchen Fällen ist die Einbildung krankhaft.

Wie können wir am besten mit inneren Anfechtungen bösartiger Natur fertig werden?
Ihr könnt dies erstens dadurch, dass ihr euch stets vor Augen haltet, dass die Anfechtungen, welche euch galten, von Unsichtbaren wahrgenommen werden. Ihr wisst, dass ihr einen Schutzgeist habt. Meint ihr, ihm passen diese Anfechtungen? Er bezieht sie auch auf sich und freut sich, wenn ihr ihn in Gedanken bittet, euch zu helfen und mit diesen Anfechtungen fertigzuwerden. Er wird sich sicher die größte Mühe geben, euch innerlich zu festigen, euch stärker zu machen, auf dass ihr die Anfechtungen nicht mehr als solche so empfindlich wahrnehmt.

Wir wurden von euch auf die Macht der Suggestion hingewiesen. Kannst du uns näheres darüber sagen?
Die Suggestion ist eine gewaltige Kraft. Das zeigt sich besonders bei der Massensuggestion, besonders im politischen Leben. Auch im Reklamewesen zeigt sich die Suggestion sehr stark. Doch die

Autosuggestion ist viel, viel stärker. Es gibt keinen Menschen, der nicht der Selbstsuggestion unterliegt. Das geschieht tagtäglich.

Welcher Art von Gefahren begegnen uns im Jenseits, wenn wir der Selbstsuggestion unterliegen?
Es besteht die Gefahr, dass jemand im Jenseits sich einbildet, noch gar nicht gestorben zu sein. Daraus erklärt sich schon eine ganze Anzahl von Spukerscheinungen. Die meisten Spukerscheinungen von Poltergeistern werden durch die Seelen von Kindern hervorgerufen, die vom Jenseits aus ihren Unfug fortsetzen.

Man kann in die Gefahr kommen, dass man von niederen Geistern angegriffen und inspiriert wird. Die Geisteswissenschaft spricht von ‚geöffneten Türen', die man selbst für das Böse öffnet. Kannst du uns darüber etwas sagen?
Ja, das stimmt, auch wenn manche Menschen glauben, dass es sich um einen Aberglauben handelt. Durch das Öffnen einer ‚geistigen Tür' kann der Mensch von niederen Geistern belästigt werden, denn wer Gefallen am Bösen findet, wird das Böse anziehen. Für alle negativen Eigenschaften ist der Mensch persönlich verantwortlich. Doch er zieht damit leicht jenseitige Seelen an, die nicht besser, sondern noch schlechter sind. Hier wird der negativ eingestellte Mensch von einem unsichtbaren Unheil bedroht, das er leider nicht kennt. Somit wird der Mensch bestraft und davor rettet euch auch kein Glaube.

Was kann man gegen übersinnliche negative Beeinflussung tun? Wie kann man sich davor schützen?
Man muss in diesem Falle den Willen verstärken, indem man sich ein positives Ziel setzt und dieses Ziel mit der ganzen Willenskraft anstrebt.

In welcher Weise kann das geistige Reich uns Erdenmenschen helfen?

Auf alle Fälle mehr auf dem geistigen Sektor als auf dem materiellen Sektor. Das Hauptgewicht der jenseitigen Hilfe ist die geistige Kraft. Die menschliche Seele braucht eine gewisse Kraft, die nicht aus der Materie gewonnen wird. Diese göttliche Kraft, von der die Seele lebt, steht uns zur Verfügung. Doch wir können euch von dieser Kraft etwas abgeben. Um diese Kraft bitten viele Kranke. Auch viele Ärzte hoffen auf diese Kraft. Aber wir können euch auch durch Inspiration helfen. Eure Schutzpatrone können euch warnen, durch Telepathie oder durch Träume oder Ahnungen. Es können aber auch eure Freunde oder Feinde inspiriert werden, etwas Bestimmtes zu tun. Wir hören eure Gebete. Wir kennen eure Wünsche. Wir prüfen, was für euch unter den vorherrschenden Umständen gut ist. Wir erfüllen das, was ihr verdient habt. Wir sagen euch nicht, was für euch im Jenseits bestimmt ist. Wir richten uns nicht nach irdischen, sondern nach geistigen Gesetzen. Doch ein gläubiger, aufrichtiger Mensch hat sehr viel jenseitige Freunde und darauf kommt es hauptsächlich an. Die Menschen auf Erden haben leider viel zu wenig Ahnung, wie sehr sie von uns abhängig sind.

Es gibt Menschen, die wahre Virtuosen in negativen Gedanken sind, zum Beispiel Schriftsteller oder Politiker. Können sie ungehindert wirken?

Diese Menschen sind vollkommen falsch gepolt. Es ist traurig, dass sie sich auf diese Weise beschäftigen, ohne zu ahnen, was auf sie im geistigen Reich noch wartet. Diese Menschen werden in ihrem bösartigen Verhalten durch jenseitige Seelen unterstützt, die nicht besser sind. Wenn der Schutzpatron derartige Gedanken zu verhindern sucht, sind sofort die dunklen Partner da, die alles daran setzen, dass der Schützling aktiv bleibt. Ihr müsst wissen, dass es im geistigen Reich eine große negative Organisation gibt.

Wir versuchen, gegen diese aufzutreten. Doch das Übel an der Wurzel zu packen, ist sehr schwer.

Wir möchten noch etwas über die Beeinflussung des Erdenmenschen aus geistigen Bereichen wissen. Kann es vorkommen, dass Menschen aus Spitzenstellungen, zum Beispiel in der Politik, durch Manipulationen so beeinflusst oder verdrängt werden, so dass ein anderer Geist aus ihnen spricht?
Derartige Menschen sind meistens so hart gesotten, dass sie sich nicht so leicht aus ihrem Körper verdrängen lassen. Sie leiden nicht an medialen Trancezuständen. Ihnen fehlt es an der dazu erforderlichen Sensibilität. Aber diese Menschen lassen sich gut als Marionetten benutzen. Viele große Politiker und Kriegsexperten werden vom negativen geistigen Reich aus gewissermaßen ferngesteuert. Das kann aber auch nur geschehen, wenn ihr Bestreben eigennützig ist. Ein Musterbeispiel eines ferngesteuerten Politikers war Adolf Hitler.

Hat der Mensch einen freien Willen?
Ja, der Mensch hat seinen freien Willen! Er kann entscheiden, ob er sich nach oben oder unten entwickeln will.

Wo liegen die Grenzen der freien Willensentscheidung?
Sie liegen im Raum der Verwirklichung des Möglichen. Die Grenze liegt dort, wo die Entscheidung die Kraft hat, das Urteil in die Tat umzusetzen.

Besitzt der Mensch auf Erden eine absolute Gedankenfreiheit? Besitzt er ein individuelles Gedankengeheimnis?
Jeder Mensch kann selbstverständlich denken, was er will. Aber er besitzt kein Gedankengeheimnis, weil sich jede jenseitige Seele telepathisch an seine Gedanken anschließen kann. Eine Telepathie zwischen Jenseitigen und Diesseitigen ist weit besser als eine Telepathie zwischen zwei Menschen auf dem Erdenplan.

Es passiert jedem Menschen stündlich, dass er viele Gedanken hat, die ihm zwar als eigene Gedanken vorkommen, die aber telepathisch von seinen, ihn umgebenden Geistwesen stammen. Diese inspirierten Gedanken beeinflussen selbstverständlich die Gedankenfreiheit.

Kann man einen Menschen gedanklich beeinflussen?
Wenn die Frequenzen der Gedanken ähnlich sind, so ist das möglich. Es geschieht sogar sehr häufig.

Könntest du uns etwas über die Bedeutung des Wortes ‚Mantra' sagen?
Mantra ist ein geheimnisvolles Wort. Viel kann durch einen Ton erreicht werden. Das Geheimnis der Laute ist noch nicht genügend erforscht worden oder es ist zum größten Teil wieder in Vergessenheit geraten. Die alten Ägypter gebrauchten mantrische Künste, um ihre gewaltigen Pyramiden zu errichten. Sie sangen eigenartige Rhythmen und konzentrierten ihre Gedanken dabei genau auf den Sinn der Laute. Daher stammen die Märchen von ‚Sesam öffne dich' und dergleichen. Wir wissen heute, dass man mit einer Stimme ein Glas zum Zerspringen bringen kann durch Aufschwung der Schallwellen. Nun, der Ultraschall wurde entdeckt und man gebrauchte ihn verschiedentlich mehr aus Spielerei zum Bewegen von Materie. Doch nicht der Ultraschall, sondern die menschliche Stimme vermag unter Umständen mehr. Die Ägypter sangen bei ihrer schweren Arbeit ununterbrochen auf- und abschwellende Melodien. Sie trugen viel dazu bei, dass sie der Materie Herr werden konnten.

Hat diese Art der Materiebeeinflussung etwas mit schwarzer Magie zu tun?
Nein. Es gibt auch Fälle, wo es einem guten Zweck dienen kann.

Welche Laute sind eurer Meinung nach am wirkungsvollsten?
Leise, harmonische auf- und abschwellende Laute, die tiefen wie die hohen.

Welche Vokale?
Keine Zischlaute nach Möglichkeit, sondern gegebenenfalls Selbstlaute. Der Ton muss ausschwingen.

Wie kann man seine eigenen Schwingungen erhöhen oder herabsetzen?
Ich wüsste nicht, aus welchem Grunde jemand seine Schwingungen herabsetzen möchte. Je mehr jemand seine Schwingungen herabsetzt, desto negativer wird er. Wenn der Mensch jedoch eine positive Denkart hat und wenn er auch danach handelt, so setzt er seine eigenen Schwingungen herauf. Dabei spielt das logische Denken eine besondere Rolle. Fanatismus setzt die Schwingungen herab. Wer mit uns in Verbindung treten will, muss seine Schwingungen erhöhen. Das geschieht durch Andacht, Gebet und durch eine feierliche Stimmung. Das Stimmungsbarometer ist überhaupt die Feinabstimmung für die richtige Geistesfrequenz. Freude und Aufgeschlossenheit wirken wahre Wunder.

Wenn wir durch eure göttlichen Belehrungen in unserer Entwicklung weiter kommen, bleibt uns dieses Gedankengut erhalten?
Dieses bleibt verankert in der Seele und bei einer erneuten Inkarnation tritt in der Entwicklung dieses sehr stark auf. Man bezeichnet diese Menschen als Genie. Ohne Erinnerungsvermögen bleibt das Wissen erhalten und wird teilweise von Gott für das weitere irdische Leben mitgegeben.

Welche Bedeutung hat für euch das Wort ‚Vergeistigung'?
Es handelt sich um das Erreichen einer geistigen Entwicklungsstufe, von der aus man die geistigen Werte und Tatsachen besser

überdenken und einschätzen kann. Die Vergeistigung ist der Ausgangspunkt für ein höheres Niveau. Wenn keine Vergeistigung vorhanden ist, befindet sich ein Mensch in einer geistigen Dunkelheit, er kann nichts richtig einschätzen.

Hat die Höhe über dem Meeresspiegel einen Einfluss auf die Gehirntätigkeit?
Ja, die Höhe hat einen Einfluss auf die Gehirntätigkeit des Menschen. Die Höhe begünstigt die Medialität und auch die Telepathie.

Sein Leben leben heißt auch, spontan, viel mehr nach seinem Gefühl zu gehen ohne immer zu fragen: Ist es jetzt richtig, ist es nicht richtig?
Ja. Wichtig ist, aus einem Impuls heraus zu handeln, der euch gegeben wird, sei es jetzt, dass er aus deiner Seele kommt, dass er inspirativ vom geistigen Reich kommt oder dass er gedanklich von deinem Geist kommt. Dieses in sich in Einklang zu bringen. Und dann aus der inneren Sicherheit heraus spontan zu entscheiden. Wenn ihr fragt, ob ihr in Urlaub fahren wollt, und sei es jetzt nach Afrika, dann lauscht in das Innere hinein: Kann es für mich gut sein? Was erwartet mich dort? Wenn eine Unsicherheit da ist, diese Unsicherheit in sich ‚aushören'. Welche Unsicherheiten gibt es dort, was kann mir schlimmstenfalls passieren? Wenn aber die Seele und Geist in Harmonie sind und einig darüber sind, dann kommt ein ‚Ja, ich fahre dort hin.' Wenn man aber anfängt darüber nachzudenken: ‚Soll ich jetzt, soll ich nicht? Kann ich denn? Ist es gut für mich? Was bedeutet es für mich?' und man kommt zu keiner Entscheidung, dann wird es schwierig. Wenn Unsicherheiten anfangen, denkt auch daran, es gibt die negative Seite, die immer wieder bei positiven Seelen darauf wartet, diese Unsicherheitsfaktoren auszunutzen, die dann eure positive Einstellung, die gut sein kann, ins Negative umwandelt. Die Beeinflussung lautet dann: ‚Es ist nicht gut für

dich. Es ist alles schlecht. Was willst du denn dort? Dir passiert ein Unglück!' Es gibt vielerlei Möglichkeiten, wie die negative Seite euch beeinflusst. Schützt euch davor. Lasst negative Gedanken gar nicht hineinkommen. Übt die Gedankenhygiene. Passt auf, was ihr denkt, was für Gedanken ankommen und geht immer wieder auf euer Gefühl ein. Fragt euch immer wieder: ,Was sagt mir mein inneres Gefühl?' Wenn dort keine Einigkeit herrscht, ist etwas nicht in Ordnung. Bringt dann Geist und Seele in Ruhe und geht in die Stille. In einen Wald, macht einen Spaziergang. Macht eine Meditation, aber nur dann eine Meditation, wenn ihr vorher um göttlichen Schutz gebeten habt. Und trefft dann eure Entscheidungen, denn dann sind Geist und Seele in Harmonie und klar, ja? Ein Spaziergang kann sehr viel bewirken. Oder sich mit anderen positiven Menschen austauschen. Die Bedenken, die man hat, ihnen mitzuteilen. Gerade dieser Freund oder die Freundin können diejenigen sein, die wiederum inspirativ vom geistigen Reich geführt worden sind. Also immer wieder ganz wichtig ist, für das weitere irdische Leben: Findet die Ruhe in euch. Die Geduld, die Gelassenheit, Bescheidenheit und immer wieder mit Geist und Seele in Einklang kommen. Sonst seid ihr irgendwann bald ganz konfus.

Wie kann ich Bescheidenheit lernen?

Deine eigenen Ziele, die anstehen, die du verfolgst, herunterzuschrauben und die Erwartungen herunterzunehmen. Du kannst dies nicht alles auf einmal. Wichtig für die Arbeit, die dein Leben beinhaltet, eine Sache in Gedanken und in der Seele zu formen. Im gemeinsamen Austausch zu formen. Und ganz wichtig ist, alle positiven Aspekte aufzuschreiben, alle negativen Aspekte die anstehen könnten, die rein vom Gefühl her auftauchen könnten, die euer Impuls, eure Inspiration euch gibt, aufzuschreiben und zu vergleichen. Und ganz wichtig ist, Selbstvertrauen hineinzulegen und sich zu sagen: Ich bin ich! Wichtig ist, nur immer die Verbindung zueinander so zu festigen und zu stärken, dass Angriffe von außen keine Möglichkeit haben, irgendwo etwas in Gedanken oder in den Gefühlen zu vernichten oder anzuzweifeln. Wichtig ist, die innere Stärke zu besitzen, mit dem, was man vorhat und gleichzeitig zu wissen, dass man dies schaffen wird. Doch immer erst konzentriert auf eine Sache, alles auf einmal wird nicht gehen. Selbst wenn wir dir geistige Helfer an die Seite stellen, sie kommen überhaupt nicht zum Zuge, weil dein Kopf viel zu voll ist, und sie können noch nicht einmal mit Inspirationen helfen. Du denkst viel zu viel. Und ein Mensch, der zu viel denkt, lässt anderen keine Chance, vor allem den Geistwesen nicht. Deine Geistführer, Geistlehrer, selbst Schutzpatrone stehen hilflos da. Wichtig ist für dich zu wissen: Ziele setzen, in die Stille gehen, meditieren, ein Ziel auswählen und die innere Harmonie aufleben lassen, die Ruhe, Gelassenheit und die Geduld. Und schon fließt mehr, als du dafür tun musst. Es fließt zu dir. Das ist der Austausch der göttlichen Gesetzmäßigkeiten. Wenn die innere Ruhe zu dir kommt, so gibst du der geistigen Welt die Möglichkeit, dir Menschen zuzuführen, die die Aufgabe haben, für dich etwas zu ermöglichen. Das ist ganz einfach. Es ist ein göttliches Gesetz. Es ist in allen Lebenssituationen so. Wenn du etwas ausstrahlst, etwas zulässt, so wirst du von irgendeiner Seite, von der du überhaupt nicht rechnest, etwas erhalten. Nicht an materiellen Dingen, dort können wir nicht helfen, aber es werden dir Wege gezeigt, Menschen zugeführt, Situationen zugeführt, Hilfestellungen gegeben, Tore geöffnet, und der Weg wird einfacher.

Lieber Elias, ich habe eine Frage über die ‚moderne Kunst'. Ich glaube, in der modernen Kunst ist sehr viel Negatives. Ist das so?
Wenn eine ‚moderne Kunst' für den einen Betrachter etwas Negatives ist, so kann es für den anderen Betrachter eine positive Ausstrahlung haben. Kunst ist ein sehr weitläufiger Begriff. Kunst bedeutet: Darstellung der Gefühle des eigenen Sehens. Dann kommt es darauf an, in welcher Situation, in welcher

Stimmung sich ein Künstler befand. Es kommt immer darauf an, wenn ein Künstler etwas darstellen möchte, in welcher Stimmung befindet er sich? Wenn man sich die Bilder von Picasso betrachtet, so kann man nur sagen, in seiner Seele und in seinen Gedanken war eine große Unruhe. Eine seelische Unbeherrschtheit.

Aber Kunst soll auch wegweisend sein!
Das ist ja richtig. Kunst ist auch ein Lehrmeister der eigenen Seele. Wenn ich mir ein Bild ansehe, so kann ich in meinem eigenen Empfinden feststellen, welche Empfindungen meine Seele aufbauen kann. Das habe ich eben erwähnt, für den einen kann es positiv sein, für den anderen kann dies negativ sein. Es kommt darauf an, wie weit die seelische Entwicklung ist. Man kann auch in den unmöglichsten Darstellungen eines Bildes etwas erkennen. Das ist das bildliche, geistige Sehen. Man kann das sehen, was der Künstler für die eigene Seele darstellen wollte, damit dies erkannt wird.

Ich habe noch eine Frage. Bei dem Vortrag von gestern ist in mir irgendetwas geschehen. Kannst du mir etwas dazu sagen?
Ja. Die Euphorie und die Phantasie und deine Gedanken sind bei dir dort durchgegangen. Du hast so viel an Energie bekommen, dass deine Kanäle hier so weit geöffnet sind und dadurch kann Wunschdenken und Realität nicht mehr auseinander gehalten werden. Versuche in deiner Mitte zu bleiben und komme wieder in deine Mitte zurück. Es ist ganz wichtig für dich. Die Liebe hat so etwas in dir entstehen lassen. Und wichtig ist auch, wenn man erfährt, dass man Jesus Christus gekannt hat, so sollte man dies als Geschenk annehmen. Es ist ein Geschenk, das man in sich bewahrt und nicht daraus eine Euphorie entstehen lässt. Auch dies sind Prüfungen. Wie geht man damit um. Es ist auch nichts Besonderes! Denkt daran, ihr seid alle wichtig, ihr stammt alle von einem ab, von Gott! Dort liegt der wahre innere Ursprung.

Wann wer wo mit wem verbunden war und verbunden ist, ist im Moment für euch nicht wichtig. Ihr seid alle Brüder und Schwestern. Miteinander verbunden sind alle Mitmenschen, ob sie es nun wollen oder nicht. Die Erkenntnis kommt dann im geistigen Reich.
Der Ursprung eures Seins ist Gott, und dies wird er bleiben. Und wenn man dies ebenfalls als ein Geschenk in sich trägt, dann ist es auch wichtig, dort nicht in eine Euphorie zu kommen, denn ihr seid alle positive Seelen in der Lichtverbundenheit des göttlichen Seins. Es ist auch nicht wichtig zu wissen, wann mal ein Vorleben wo gewesen ist. Es ist gewesen. Wenn man jedoch noch Narben und Wunden aus diesem Vorleben in der Seele trägt und nicht weiß, wo diese Narben und Wunden herkommen, so bin ich gern bereit, über diese Vorleben zu sprechen. Und dann hat es einzig und allein den Sinn und Zweck, dass wir den Seelen oder der Seele helfen möchten, in der jetzigen Inkarnation ihren Weg zu finden. Und wenn man aus Vorleben oder aus Rückführungen, was immer man gemacht hat oder macht, etwas erfährt, und wenn es positiv ist, so nehmt dies ebenfalls als ein Geschenk an. Nicht in die Euphorie verfallen und nicht sich selber als etwas Besonderes sehen. Jeder ist vor Gott gleich viel wert. Nicht die eigene Wertstellung höher setzen, damit macht man eine Tür für das Negative auf und man kann irgendwann nicht mehr unterscheiden, wer man wirklich ist, denn das Negative wird dann eine Besetzung vornehmen, und ihr seid dann ein Spielball davon. Lasst dies nicht zu! Nehmt alles, was in eurem irdischen Dasein geschieht, alles was im Positiven ist, als ein Geschenk. Es ist so wichtig. Lasst eine Freude in euren Seelen aufblühen und was euch an negativen Dingen widerfährt, arbeitet daran und geht nicht in eine Traurigkeit und auch nicht in Depressionen. Und wenn ihr mit Situationen nicht zu Recht kommt, so stehen wir euch zur Verfügung, und wir versuchen in allen möglichen Situationen zu helfen. Schiebt uns eure Gedanken in unsere Bahnen. Wir werden dann versuchen, im Positiven zu helfen.

Ihr habt es gut. Ihr müsst nicht so reisen wie wir.
Ja. Wir können die Entfernungen viel schneller überbrücken. Wir denken diesen Gedanken, wo wir sein möchten und schon sind wir dort, während ihr euch erst in einen Bus, Zug oder Auto setzen müsst, um an einen bestimmten Ort zu kommen.

Und dann noch eine andere Sache, die mich auch sehr viel beschäftigt, ist diese Geschichte mit meiner Mutter. Soll ich noch mal versuchen, auf sie zuzugehen, oder soll ich sie lieber loslassen?
Nehme dich erst selbst so an wie du bist, wie du im Eigentlichen bist, wenn dieses Denken nicht gerade wieder beginnt. Und stelle dich auch vor den Spiegel und spreche mit deinem Inneren. Und erkenne auch an und sage auch: „Ich liebe mich.“ Und nehme dich so an, wie du bist. Immer wieder ausgeklammert, wenn du nicht gerade am Denken bist. Dies ist ganz wichtig. Das ist genauso mit dem „Ich bin ich“. Dies hat nicht mit dem Hervorprovozieren des Egoismus zu tun, sondern dies ist eine Verbindung zwischen Geist und Seele, des Anerkennens seines eigenen Seins. Ich bin ich. Und damit stelle ich eine Verbindung her. Zu meinem Geist, meiner Seele und zu meinem Körper im Irdischen. Und wenn man dieses zulässt, und dieses zu sich sagen kann: „Ich bin ich, ich liebe mich, ich bin zufrieden mit all dem äußeren Erscheinungsbild“, dann ist schon ein Stück an Selbstbewusstsein gewachsen. Und auch eine Wertschätzung des eigenen Seins, ohne sich von einem anderen irgendwo ein Minderwertigkeitsgefühl hervorprovozieren zu lassen. Oder ihn überhaupt eine Möglichkeit zu geben, dies zuzulassen.
Menschen untereinander können sehr gemein und grausam sein. Manche Menschen haben die Begabung, schnell herauszufinden, wann welcher Mensch wo zu verletzen ist, wie und mit was. Und dies wird dann ausgespielt und benutzt. Davon sollte man sich freisprechen und es erst gar nicht zulassen, sich benutzen zu lassen, sondern in seiner eigenen freien Willensentscheidung

immer wieder stehen. Man kann Gespräche, Diskussionen, Meinungsäußerungen vornehmen. Man kann Gefühle austauschen, philosophische Gespräche, tiefe philosophische Gespräche führen, die sowieso am gesündesten sind, aber wenn es in die Richtung geht, eine Seele zu verletzen, sollte man seine Chakren schließen. *(Näheres zum Schließen der Chakren finden Sie auf Seite 148; Anm. d. Hrsg.)*

Lieber Elias, noch eine Frage. Wir haben morgen früh ein sehr ernstes Gespräch mit einer Kollegin. Ich möchte euch bitten, dort zu sein und zu helfen.
Wenn du auf die Dame zugehst, dann wende positive Gedanken an. In dem du gedanklich sagst: „Meine Seele grüßt deine Seele." Der Gruß ist für die Seele dieser Dame wichtig. Sie empfängt ihn, ohne dass sie ihn bewusst aufnimmt. Er geht dann also nicht über den Kopf, sondern direkt an die Seele.

Es gibt die Theorie der Neutrinos, die inzwischen auch von der Wissenschaft gefunden wurden. Es wurde festgestellt, dass diese Neutrinos Informationsträger sind und wohl Informationen von außen zu uns bringen, als auch Informationen, wie z. B. unsere Gefühle und Gedanken von uns wegtragen. Stimmt das?
Ja. Diese kann man auch gebündelt formen, d. h. je intensiver die Gedanken in einer Einheit geformt werden, umso höher wird das Energiepotenzial. Je mehr Menschen einen Gedanken haben, zum Beispiel in Richtung Gott, und je intensiver diese Gedanken sind, kann eine hohe Energie an positiver Energie entwickelt werden. Es ist immer ein Widerspiegeln. Jeder Gedanke, jeder Impuls ist Energie. Es wird gesendet und empfangen. Dieser Austausch geschieht auch, wenn kein Wort hier im Raum gesprochen werden würde. Trotz alledem werden Gefühle, Gedanken ausgetauscht, gesendet und genauso auf der anderen Seite empfangen.

Das würde ja auch bedeuten, dass so Phänomene wie Telepathie oder Gedankenaustausch auf physikalisch messbaren Gesetzen beruht?
Ja, es ist messbar.

Aber wenn die Wissenschaft gerade nachgewiesen hat, dass diese Neutrinos, diese Teilchen Masse besitzen, dann werden sie auch irgendwann diese Phänomene messen können.
Es ist in einigen Bereichen schon messbar, anhand der sichtbaren Bilddarstellungen, z. B. der Kirlianfotografie. Es ist bereits messbar. Es gab Versuche, wo manchen Pflanzen positive Energie gegeben wurde und manchen nicht. Danach wurde die Aura der Pflanzen fotografiert. Dort wurden die Energien auch sichtbar, die dann auch wieder von diesen Pflanze abgegeben wurden. So ist dies auch bei uns zu sehen. Wir sammeln Positivenergie und strömen diese wieder hinaus. Was ihr an Negativenergie in eure Atmosphäre gebt, ziehen wir wieder teilweise ab.

Kann man das als Erklärung für die Heilungen beispielsweise in Lourdes betrachten, wo eine ganz große Menge den gleichen Gedanken wünscht?
Dadurch kann auch etwas bewegt werden. Den Weg finden diese Gedankenströme und Energien. Es kommt darauf an, wie groß sie sind. Wenn du jetzt Gedanken aussendest an jemand, so empfängt er diese. Es kommt allerdings darauf an, wie weit die Öffnung da ist, auch empfangen zu können.

Wie werden die Neutrinos gesteuert, damit sie das Ziel nicht verfehlen?
Die Ströme der Gefühle, der Gedankenimpulse sind Energien und sie finden ihren Weg. Sie wissen genau wohin. Genauso wie eure Gedanken den Weg zu Gott finden. In Gebeten, Meditationen, Übungen. Es sind Energieströme. Wenn die Menschheit es schafft, diesen Energiestrom in Einklang zu bringen, das heißt

alle zur gleichen Minute ihre Gedanken ausrichten auf ein und dieselbe Sache, so können sie etwas bewegen. So können Gedankenimpulse etwas bewirken. Und das ist wichtig, in diesem Studium des Menschen und seinen Möglichkeiten und seinen Fähigkeiten, dieses mit einzubeziehen.
Unterbrochen werden können diese Energien durch Negativenergie, die abblocken, zerstören. Negative Gedanken können einen Menschen zerstören.

Du sprachst auch von Negativenergien, die auch übertragen werden können. Mir fällt dazu ein, dass ich früher, in früheren Jahren, bei einem primitiven Volk gelebt habe und immer Angst davor gehabt habe, von einzelnen Personen verflucht zu werden. Der Teufelskult oder Satanskult ist ja in der gleichen Richtung extrem negativ und kann negativ etwas bewegen.
Auf jeden Fall. Gerade diese Negativbereiche, die sich in diesen kultischen Richtungen bewegen und diese Satansanbetungen vornehmen, haben auch in dem Rahmen extrem die Möglichkeiten, Energien auf negative Art und Weise freizusetzen und in den Weltraum, um die Planeten herumzulegen. Darum ist es immer wieder wichtig, die positive Aktivität beizubehalten, in den freien Minuten, die da sind, in sich zu arbeiten und einen positiven Gedanken zu senden. An das Positive, an Gott, an Jesus Christus oder an die Santiner. Denn von dort aus können positive Energien mit verteilt werden.

Ist es also immer wieder wichtig, dass wir uns genug schützen?
Die Ursprungsgeschichte ist euch ja bekannt, dass es Positiv und Negativ gibt und je mehr Seelen sich auf die positive Seite stellen, umso aggressiver und aktiver wird die negative Seite. Auch wer sich mit dem Gedankengut des positiven geistigen Reiches befasst, bekommt auf eine gewisse Art und Weise Schwingungen der negativen Welt ab, wird dann in Situationen gebracht, wo die Gedanken vorher noch positiv waren, die dann

umschlagen in negative Gedanken, Zweifel und eine gewisse Form der Glaubenskrise. Es sind einige Menschen davon betroffen, die in solche Gedanken kommen, weil sie den Angriff des Negativen in dem Moment zulassen. Weil sie ein Tor geöffnet haben, wenn nicht alles nach den eigenen gedanklichen Vorstellungen funktioniert und abläuft. Doch immer wieder möchte ich darauf hinweisen, wenn ihr den Tag beginnt, um Schutz zu bitten. Wenn ihr des Abends in den Schlaf geht, um Schutz zu bitten und für den göttlichen Schutz des Tages zu danken. Und eventuell noch die Zeit finden, über den Tag nachzudenken. Was er an positiven Erlebnissen gebracht hat und was er an weiteren Erkenntnissen noch führen könnte. Dies ist für den Planeten Erde ganz bewusst mit in die göttlichen Gesetzmäßigkeiten eingegliedert worden, da der Planet Erde ein Läuterungsplanet ist. Das heißt, dass auch die Seelen, gerade die Seelen, die sich von Gott abgewandt haben, eine Möglichkeit erhalten, hier zu inkarnieren und hier ihren eigenen, für sich wichtigen Beweis anzutreten, dass sie doch zum positiven geistigen Reich gehören. Zum anderen werden natürlich Seelen inkarniert, die aus den hohen positiven Bereichen kommen, um für die Menschheit noch etwas sehr Positives zu bewirken. Doch das göttliche Gesetz beinhaltet in der Hauptsache die Läuterung der Seelen. Also zu inkarnieren, ein Leben zu durchgehen, im Positiven zu leben, um im geistigen Reich dann wieder im Positiven aufgenommen zu werden und die Entwicklung fortführen zu können, wo die Seele eigentlich im geistigen Reich hingehört.

Ich ärgere mich oft in Gedanken über kleine Fehler von mir.
Dann lass doch einmal auch mal fünf gerade sein. Es ist eigentlich so einfach.
Das nächste Mal sagst du: „Jawohl, ich habe es registriert.“ Je mehr du dich darüber ärgerst, umso mehr wirst du dich selber herausfordern, dass du immer wieder in diese Situation kommst.

Eine Perfektion ist gut, aber auch eine Perfektion ist nicht möglich. Es werden immer wieder Dinge geschehen, an die der eine oder andere nicht gedacht hat.

Also gibt es somit keine Perfektion?
Die gibt es im Irdischen nicht. Man möchte perfekt sein, doch man kann nicht perfekt sein. Jeder möchte in seinem Sein perfekt sein, doch lernt nicht unbedingt danach zu streben, sondern lasst es euch geben. Nur wenn der Geist frei ist, können Inspirationen fließen und ihr lasst Geistwesen zu, euch zu inspirieren. Somit können Fehler unterbunden werden, denn genau so funktioniert die Zusammenarbeit zwischen dem Menschen und dem geistigen Reich. Und dann kann eine Form des ‚Perfektseins' angestrebt werden. Doch dies kann nur dann geschehen, wenn der Geist frei ist und sich nicht über irgendwelche Dinge oder Fehler ärgert. Absoluten Perfektionismus gibt es jedoch auf der Erde nicht.

Abschließende Worte

Gebt uns zum Abschluss noch etwas über unsere Gedanken mit auf den Weg.

Ihr Erdenmenschen bewohnt die irdische Welt, in der ihr euch auf eure Sinne verlasst. Ihr erreicht nur die Entwicklungsstufe, auf der ihr euch in eurer stofflichen Form auszudrücken imstande seid. Ihr habt euch noch nicht auf jene Höhe erhoben, wo alle Menschen miteinander durch die Kraft der Telepathie in Verbindung stehen. Das muss erst noch erreicht werden. In eurem gegenwärtigen Zustand seid ihr geistige Wesen, denen nur die stofflichen Mittel als Ausdrucksformen zur Verfügung stehen. Das ergibt eine Begrenzung und Einschränkung der Gedankenkräfte, denn nur wenn diese Kräfte stofflich in Erscheinung treten, werdet ihr euch ihrer bewusst. Die Gedanken sind real, aber dies ist euch in eurer jetzigen Daseinsform unbekannt, weil sie eben nicht stofflich sind. In unserer Welt, wo keine Knechtschaft des Fleisches besteht, haben die Gedanken eine weit größere Wirklichkeit, denn wir leben ja in der Welt der Gedanken. Die Grundlage unserer Wirklichkeit ist der Ausdruck des Geistes, des Gemüts, der Seele. Die Gedanken sind eine der fundamentalsten Ausdrucksformen. Was ich am meisten betonen möchte, ist: Denkt nicht, dass eure Probleme durch eine Massenkonzentration der Gedanken gelöst werden können. So nützlich und hilfreich die Gedanken auch sein können, sie sind nur eine Unterstützung eurer Werke, die ihr auszuführen habt. Lernt und wisst die Macht der Gedanken richtig zu nutzen!

Abschließende Übung: Das Gedankenbuch schließen

Ich habe vor dem Einschlafen viele Gedanken, die mir durch den Kopf rasen. Was kann ich tun?
Sage „Ich schließe mein Gedankenbuch. Mein Gedankenbuch ist geschlossen." Außerdem schließe deine Chakren, bevor du dich schlafen legst, dass du auch in der Nacht besser von uns geschützt werden kannst.

Wie schließt man die Chakren?
Ihr führt die Arme vor dem Körper vom Basischakra hoch zum Kronenchakra bis hinter den Kopf in den Nacken. Führt die Arme an der Seite zurück zum Basischakra. Führt dies zweimal durch. Einmal mit den Worten „Ich schließe meine Chakren" und ein zweites Mal hinterher mit den Worten „Meine Chakren sind geschlossen".

(Nähere Angaben und Abbildungen hierzu und weitere Schutzübungen und Ideen für ein harmonischeres Leben finden Sie im Buch „Das kleine Buch vom Schutz der Seele", ebenfalls erschienen in unserem Verlag; Anm. d. Hrsg.)

Wer ist Elias?

Elias, wer bist du?
Ich bin ein autorisiertes Geistwesen, abkommandiert von Jesus Christus, um über Medien die Wahrheit über die Existenz der geistigen Welt zu vermitteln, was ich jetzt schon seit über 40 Jahren mache. Erst im Medialen Friedenskreis Berlin und seit über 20 Jahren im Spirituellen Forschungskreis Bad Salzuflen. Ich bin ein Krieger der Wahrheit.
Das letzte Mal war ich im 17. Jahrhundert in Port-Royal, Frankreich, inkarniert und besaß ein Weingut.

Weitere Botschaften von Elias und der geistigen Welt

Das kleine Buch vom Schutz der Seele
Martin Fieber (Hrsg.)
192 Seiten
ISBN 978-3-935422-44-4
Wozu sollte man sich schützen? Warum gerade bei Vollmond?
Warum sollte man regelmäßig die Chakren schließen? Wie schützt uns unser Seelenstein? Und unsere Geburtsfarbe? Was ist ein Seelenhaus? In diesem Buch erklärt die geistige Welt die Hintergründe, warum die Seele geschützt werden sollte. Die durch Abbildungen veranschaulichten einfachen Schutzübungen sollen dem Anwender helfen, in seine Mitte zu kommen und sich von Energien abzugrenzen, die nicht gut tun.
Ein wichtiger Leitfaden aus der geistigen Praxis für unsere tägliche Praxis.

Das kleine Buch vom Schutz der Seele
Hörbuch 2CD – 125 Minuten
Hochwertiges Digipack
Martin Fieber (Hrsg.)
gelesen von **Michaela Merten** und **Pierre Franckh**
ISBN 978-3-935422-64-2
Michaela Merten und Pierre Franckh machen dieses Hörbuch zu einem Ereignis. Genießen Sie es und lassen Sie sich überzeugen, wie wichtig der Schutz der eigenen Seele wirklich ist.

Reinkarnation und Religion
Martin Fieber (Hrsg.)
320 Seiten- **ISBN 978-3-935422-11-6**
Was bedeutet Reinkarnation? Was ist göttlicher Glaube? Worin irrt die Kirche? Was ist wahrer Spiritualismus? Kann ein Atheist einen größeren Glauben besitzen als der Papst?
Reinkarnation, Religion und Spiritualismus oder die Lehre der Grenzwissenschaft, kann man nicht trennen, es gehört alles zusammen. Ganz selten wurden bisher diese miteinander verwandten Bereiche

unserer Religio, also unserer Rückverbindung mit Gott, in einem Buch dargestellt. Ein Buch von Elias in seiner gewohnten klaren und einfachen Sprache.
„Das Leben ist viel wichtiger als eine Zeremonie. Die wahre Religion ist kein Ritual, sondern ein heiliger Dienst am Menschen.“ (Elias)

Das Geistige Reich
Martin Fieber (Hrsg.)
240 Seiten - **ISBN 978-3-935422-09-3**
Wie ist das geistige Reich aufgebaut? Welche Aufgaben haben Erzengel, Lichtträger und Lichtboten?
Hier erfahren Sie alles, was Sie schon immer mal über das geistige Reich wissen wollten. Lernen Sie den Aufbau der geistigen Sphären kennen. Wie immer fasst Elias dieses große und wichtige Thema in einfache aber deutliche Worte.

Gedanken für den Weltfrieden
Martin Fieber (Hrsg.)
176 Seiten - **ISBN 978-3-935422-49-9**
Dieser schöne Geschenkband enthält eine Sammlung verschiedenster Gedanken der geistigen Welt, die jeden friedliebenden Menschen ansprechen werden. Die einfachen, brillanten Gleichnisse und Beschreibungen sind heutzutage aktueller denn je. Jede Seite enthält einen in sich geschlossenen, mehr oder weniger langen Hinweis darauf, warum die derzeitigen Machtstrukturen auf unserem Planeten nicht geeignet sind, den Weltfrieden zu realisieren. Gleichermaßen wird dem Leser verständlich, dass ein Beitrag jedes einzelnen in seinem persönlichen Bereich wichtig ist, um die Missstände zu beheben.

Die Blaue Reihe

Diese Buchreihe umfasst die Ergebnisse der Forschungsarbeit des Medialen Friedenskreises Berlin, der damals von geistiger Seite unter anderem von Elias geleitet wurde. Herausgeber: Martin Fieber

Band 1: Jesus Christus
80 Seiten - **ISBN 978-3-935422-01-7**
War Jesus Christus die Inkarnation Gottes? Was hat er bis zu seinem 28. Lebensjahr gemacht? Ist er wirklich für uns Menschen gestorben und hat alle Sünden auf sich genommen? In diesem Buch finden Sie Wahrheiten und Antworten auf viele Fragen zu der größten Seele, die je auf diesem Planeten lebte.

Band 2: Das Sterben
160 Seiten - **ISBN 978-3-935422-02-4**
Was geschieht im Augenblick des Todes? Was geschieht bei tödlichen Unfällen oder Selbstmord mit der Seele? Wie wirkt sich Trauer von Hinterbliebenen auf das Befinden der ‚Verstorbenen' aus? Das Tabuthema vieler Menschen wird an der Wurzel gepackt. Die große Bedrohung wird durch dieses Buch in ein vertrautes Wissen umgewandelt. Das Weiterleben der Seele nach dem körperlichen Tod wird erläutert und nachgewiesen.

Band 3: Die Stimme Gottes
64 Seiten - **ISBN 978-3-935422-03-1**
Ein provokanter Titel für ein Buch, in dem ein hohes Geistwesen stellvertretend für die göttlichen Sphären spricht. Es wird aufgezeigt, wie die Geschehnisse auf diesem Planeten von einer höheren Warte aus gesehen werden. Gesellschaft, Politik, Wissenschaft und Kirche werden in einer für jedermann verständlichen Weise unter die Lupe genommen, die Probleme beim Namen genannt und Lösungsvorschläge gemacht. Hier wird Klartext geredet!

Band 4: Die mediale Arbeit
176 Seiten - **ISBN 978-3-935422-04-8**
Was ist Medialität? Welche Voraussetzungen müssen für mediale Arbeit erfüllt sein? Welche Gefahren gibt es im Verkehr mit der

Geisterwelt Gottes? Im Dialog mit der geistigen Welt werden die wichtigen Grundbedingungen und Gesetzmäßigkeiten genannt, die für positive mediale Arbeit unerlässlich sind. Es wird deutlich auf die Gefahren des Spiritismus hingewiesen und aufgezeigt, wie gute und schlechte Medien bzw. mediale Kontakte unterschieden werden können. Dieses Buch klärt auf und warnt vor Leichtsinnigkeit.

Band 5: Der Schöpfer – Der Widersacher
160 Seiten - **ISBN 978-3-935422-05-5**
Wer und was ist der Schöpfer? Warum lässt Gott so viel Leid zu? Gibt es einen Widersacher? Die geistige Welt hat hier den Versuch unternommen, in uns verständlichen Worten die Existenz Gottes und seine grandiose Schöpfung zu beschreiben. Außerdem kommt die Tragik der Geschehnisse um Luzifer, den Widersacher, deutlich zum Ausdruck. Sie finden Erklärungen zu einem Bereich des Glaubens, den die Kirche uns verschweigt.

Band 6: Die Seele – Der Schutzpatron
128 Seiten - **ISBN 978-3-935422-06-2**
Seele – was ist das? Wie funktioniert das Zusammenspiel von Seele, Geist und Körper? Hat jeder Mensch einen persönlichen Schutzpatron, und wie macht sich der bemerkbar? Die geistige Welt bringt uns das Thema auf deutliche Art und Weise nahe und führt uns in das Thema der Reinkarnation ein.

Band 7: Krankheit, Heilung und Gesundheit
176 Seiten - **ISBN 978-3-935422-07-9**
Was sind die Hauptursachen von Krebs? Worauf sollte man bei der Ernährung achten? Gibt es eine geistige Heilung und wie funktioniert sie? Welche Folgen hat der Genuss von Alkohol und Nikotin für Seele, Geist und Körper? Die geistige Welt hilft uns, Ursachen vieler Krankheiten zu erkennen. Außerdem werden Maßnahmen zur ganzheitlichen Heilung bzw. Gesunderhaltung beschrieben.
Weitere Schwerpunkte sind Gebet, Drogen und Karma.

Set „Die blaue Reihe“ – Band 1 bis 7
944 Seiten - **ISBN 978-3-935422-29-1**

Bücher über die Santiner

Die Santiner
Martin Fieber (Hrsg.)
240 Seiten - **ISBN 978-3-935422-08-6**
Diese Botschaften wurden ebenso wie ‚Friede über alle Grenzen' und die ‚Blaue Reihe' im Medialen Friedenskreis Berlin (MFK) übermittelt.
Wer sind die Santiner? Wo und wie leben sie? Welchen Auftrag haben sie?
Hier erfahren Sie, warum die Santiner sich im Bereich unseres Planeten aufhalten, was sie uns zu sagen haben und vieles mehr. Einige eindringliche Reden ihrer Führungspersönlichkeit Ashtar Sheran bilden den Kern dieses Werks. Zusätzlich enthält das Buch weitere Botschaften von Ashtar Sheran und anderen Santinern aus der Zeit bis 2003. Diese wurden im Spirituellen Forschungskreis Bad Salzuflen empfangen, der die Arbeit des MFK fortführt und eng mit unserem Verlag zusammenarbeitet.

Die Botschaft der Santiner
Martin Fieber (Hrsg.)
448 Seiten - **ISBN 978-3-935422-60-4**
Ashtar Sheran, die Führungspersönlichkeit der Santiner, nimmt Stellung zu den Gegebenheiten auf unserem Planeten. Ob Religion, Wissenschaft oder Politik, es wird aufgezeigt, wie hilflos wir unseren Problemen in allen Bereichen gegenüberstehen. Ashtar Sheran gibt wertvolle Hinweise zur Bewältigung unserer Schwierigkeiten. Eine konsequente Umkehr ist dafür Voraussetzung.
Dieses Buch enthält unter anderem einige mediale Zeichnungen von Santinern, Raumschiffen, Raumstationen und technischen Geräten der Santiner. Die Botschaften und Zeichnungen wurden durch mediale Handführung im Medialen Friedenskreis Berlin übermittelt. Dieses Buch enthält die früheren 14 Broschüren „Friede über alle Grenzen", endlich in einem Buch zusammengefasst.

Die Mission der Santiner
240 Seiten - **ISBN 978-3-935422-58-1**
Das Buch enthält folgende vergriffen gewesenen Broschüren: • In kosmischen Bahnen denken • Wenn die Not am größten …• Am Ende der Zeit • Die Gedankenbrücke
Die Mission der Santiner ist ein beispielloser Liebesdienst, den eine treu zu Gott stehende außerirdische Brudermenschheit, die Santiner, in vorbildlicher Weise für die irdischen Menschen erfüllt. Die Santiner bemühen sich, die Folgen der schwerwiegenden Versäumnisse und Verfehlungen, welche die irdische Menschheit zu verantworten hat, wenigstens so weit abzumildern, dass nicht weitere, unschuldige Menschheiten anderer bewohnter Planeten durch die kosmischen Auswirkungen der irdischen Untaten in Mitleidenschaft gezogen werden.
Zusätzlich enthält das Buch eine kurze Gruß-Botschaft von Hermann Ilg selbst aus dem Jahre 2004, die er uns über ein ihm schon aus irdischen Zeiten bekanntes Medium übermittelt hat, und eine Botschaft der Santiner sowie eine abschließende Rede von Ashtar Sheran.

Das Leben der Santiner
Hermann Ilg
320 Seiten - **ISBN 978-3-935422-43-7**
Wie leben die Santiner? Wie sieht ihr Tagesablauf aus? Wie unterscheidet sich ihr Heimatplanet von der Erde? In diesem Buch erfahren Sie mehr über die Santiner und ihr Wesen, wie sei wohnen, wie sie denken und was sie uns Menschen auf der Erde mitteilen möchten.
Ergänzt werden sie mit aktuellen Durchgaben der Santiner, die in den letzten Jahren im SFK erfolgten.

Weitere Bücher aus unserem Verlag

Die Bauten der Außerirdischen in Ägypten
Hermann Ilg – Helmut P. Schaffer
160 Seiten , 70 Fotos - **ISBN-13: 978-3-935422-59-8**
Dieses Buch enthält eine Fülle von Beweisen für die Beteiligung außerirdischer Menschen an der Errichtung der großartigsten Bauwerke dieses Planeten. Durch die inspirative Hilfe von Geistwesen und Santinern gelingt es Hermann Ilg mit überzeugend einfacher Logik und anhand von Fotografien, uns dieses spannende Thema näher zu bringen. Es wird lebhaft beschrieben, wie es seinerzeit gelingen konnte, innerhalb kürzester Zeit diese gewaltigen Steine in absoluter Perfektion aufeinander zu türmen. In leicht verständlichen Worten werden Sinn und Zweck der Pyramiden und anderer Bauten erklärt. Zusätzlich erhält der Leser Informationen über die Besiedelungsgeschichte der Erde und Erfahrungsberichte von Menschen, die sich im Innern der Pyramiden aufgehalten haben.

Strömende Stille
96 Seiten - **ISBN 978-3-935422-55-0**
Dieser Band enthält Gedichte von kosmischem Charakter, ebenfalls von der geistigen Welt uns Menschen überreicht. Es sind wunderschöne Verse, die Herz und Seele berühren. Ein Büchlein, das auch als Geschenk gut geeignet ist. Mit einfühlsamen Zeichnungen.
„Die tiefste Wahrheit strahlt in den Gedichten auf, die einfach sind wie Kinderworte. Damit sind Sinn und Bedeutung der Gedichte von Hermann Ilg umrissen. Sie sind Meditationen in Versen, Lautwerdungen mystischen Natur-, Geist- und Gott-Erlebens. Sie enthüllen mit wenigen Worten verborgene Weisheit und Gewissheit.“
(K.O. Schmidt)

Seele des Friedens
Martin Fieber
128 Seiten - **ISBN 978-3-935422-65-9**
Dies ist eine kleine Geschichte über Ängste und wie man sie in aufbauende Energie umwandelt. In Mut machenden Worten empfängt

eine kleine Seele von einer großen Seele Antworten auf ihre innersten Ängste und Empfindungen.
In spielerischer Form werden über 40 Ängste besprochen und lassen so den Sinn hintern den Ängsten erkennen. Abschließend wird aufgezeigt, wie man seine Ängste an die geistige Welt abgeben kann.
Dieses Buch tritt in die Spuren von Khalil Gibrans ‚Der Prophet'.

Machu Picchu – Die Stadt des Friedens
Martin Fieber
192 Seiten, 125 farbige Abbildungen - **ISBN 978-3-935422-48-2**
Machu Picchu ist nicht nur die beliebteste Touristenattraktion Perus sondern ganz Südamerikas. Und doch ist Machu Picchu immer noch eines der größten Geheimnisse der Welt. Das Buch ist eine spannende Reise zu diesem magischen Ort in den Wolken, in die Vergangenheit Perus, in die Geschichte unseres Planeten und zur eigenen Seele. Wie es schon bei den ägyptischen Pyramiden war, gibt es auch bei der berühmten Inkastadt keinen Zweifel, dass die Bauweise der Fundamente der dortigen Gebäude außerirdischen Ursprungs ist.

Poster Machu Picchu
64 cm breit / 45 cm hoch - **ISBN 978-3-935422-46-8**
Nur das Anschauen des Bildes lässt Sie einen Hauch des Friedens erleben, den dieser magische Ort ausstrahlt.

Steh' endlich auf!
Martin Fieber
128 Seiten - **ISBN 978-3-935422-47-5**
Dieser lehrreiche Erfahrungsbericht beschreibt die Abgründe einer spirituellen Abhängigkeit bis ins kleinste Detail: von den anfänglichen euphorischen Gefühlen, über die Hölle der seelischen Schmerzen, bis zurück in die Freiheit des normalen Lebens. Er wird ergänzt von einem Leitfaden, welcher den Weg zu finden hilft durch den Jahrmarkt der heutigen Esoterik und den Dschungel der dazugehörigen Seminarangebote. Spannend, ehrlich und wahrhaftig geschrieben. Dieses Aufklärungswerk könnte Leben retten.

Strömende Stille
Hermann Ilg
96 Seiten - **ISBN 978-3-935422-55-0**
Dieser Band enthält Gedichte von kosmischem Charakter, ebenfalls von der geistigen Welt uns Menschen überreicht. Es sind wunderschöne Verse, die Herz und Seele berühren.
Ein Büchlein, das auch als Geschenk gut geeignet ist. Mit einfühlsamen Zeichnungen.
„Die tiefste Wahrheit strahlt in den Gedichten auf, die einfach sind wie Kinderworte. Damit sind Sinn und Bedeutung der Gedichte von Hermann Ilg umrissen. Sie sind Meditationen in Versen, Lautwerdungen mystischen Natur-, Geist- und Gott-Erlebens. Sie enthüllen mit wenigen Worten verborgene Weisheit und Gewissheit.“
(K.O. Schmidt)

Die große Begegnung
Herbert Viktor Speer
208 Seiten - **ISBN 978-3-935422-66-6**
Dies ist ein ergreifender Erfahrungsbericht von Begegnungen mit der lichten und dunkleren Jenseitswelt. Der Autor, der den früheren Medialen Friedenskreis Berlin gegründet hat und dessen Botschaften in der ganzen Welt bekannt waren, schildert hier seinen ergreifenden spirituellen Weg. Jeder Weg zur Bewusstwerdung ist irgendwann einmal ein sehr schwieriger und beschwerlicher. Herbert Victor Speer suchte sich einen manchmal nicht in Worte zu fassenden Weg aus, der in einem Kampf mit der Dunkelheit seinen Höhepunkt fand. Seine Erlebnisse sind absolut wahrhaftig geschrieben.
Ein Buch, das erst jetzt – knapp 25 Jahre nach dem Übergang von Herbert Victor Speer ins geistige Reich – von ihm persönlich zur Veröffentlichung frei gegeben wurde.
Dieses Buch ist nichts für schwache Nerven, aber jeder, der dieses Buch liest, geht von nun an mit anderen Augen durch die Welt.

Das goldene Band
Maliesa Nasilowski
310 Seiten - **ISBN 978-3-935422-67-3**
Gibt es ein Leben nach dem Tod? Und wie geht es dann weiter? Dieses Buch zeigt, wie durch „Das goldene Band“ die Autorin mit ihrem Mann Horst zusammengeführt wurde, und es beginnt mit der Schilderung seines Überganges vom irdischen Leben ins geistige Reich. Nach einigen Monaten ist sogar eine Kontaktaufnahme mit Horst im Spirituellen Forschungskreis Bad Salzuflen (SFK) mittels eines Mediums möglich.
In vierundzwanzig einzigartigen Protokollen von Sitzungen im SFK wird über ein Leben nach unserem Tod berichtet, und es werden Einblicke in die Tätigkeiten der Jenseitigen gewährt. Es wird geschildert, wie Horst im geistigen Reich in Empfang genommen wurde, wo er dann seinen früher verstorbenen Sohn wieder traf. Dieses Buch ist vollkommen authentisch und entspricht in allen Teilen der Wahrheit.

Reiki – Ein Geschenk des Himmels
Gertrud A. Manasek
112 Seiten - **ISBN 978-3-935422-61-1**
Der erste Teil der Reiki-Trilogie vermittelt ein tiefes Verständnis für die Reiki-Energie und zeigt den spirituellen Hintergrund in seiner Vielschichtigkeit auf. Ein weit gespannter Bogen unterschiedlichster Themen erwartet den Leser. Dieses Buch ist eine Fundgrube für jeden bewusst lebenden Menschen und führt ihn über die einzigartige Reiki-Energie zu seinem wahren Selbst.

Das Gnadengeschenk Reiki II
Gertrud A. Manasek
160 Seiten - **ISBN 978-3-935422-62-8**
Im zweiten Teil der Reiki-Trilogie nimmt die erfahrene Reiki-Lehrerin die vielen konstruktiven und weiterführenden Gedanken und Anregungen aller Reiki-Schüler auf. Den interessierten Leser erwarten viele praktische Hinweise für den Umgang mit sich selbst, aber auch meditative Impulse und Lebensweisheiten hohen Grades mit dem Reiki Grad II.

Das Mysterium der Reiki-Meister-Energie
Gertrud A. Manasek
160 Seiten - **ISBN 978-3-935422-63-5**
Der dritte Teil des Buches beschreibt die konsequente Fortführung, Weiterentwicklung und Vervollkommnung des einmal beschrittenen Reiki-Weges, der in die allumfassende Harmonie der universellen Lebensenergie Reiki führt. Der Leser wird mit einer Fülle von spirituellem Wissen, vertieften Detailkenntnissen und mannigfaltigen, leicht in die Praxis umsetzbaren und in das tägliche Leben integrierbaren Hinweisen vertraut gemacht.
Ein Reiki-Buch für Fortgeschrittene und solche, die ihr Wissen mit kosmischem Wissen vervollständigen möchten.

Wer Interesse an einem kostenlosen Probeprotokoll einer medialen Sitzung des Spirituellen Forschungskreises e.V., Bad Salzuflen hat, melde sich bitte bei uns im Verlag. Wir senden es gerne zu.

Auch Informationen zu den Lebensschulen, die auf den Lehren von Elias aufgebaut sind oder eventuelle Ansprechpartner in ihrer Nähe können wir Ihnen mitteilen.

Bergkristall Verlag GmbH
Krumme Weide 30, 32108 Bad Salzuflen